文學時空與生命情調　目次

《周易》經傳的循環觀

——以反復往來為研究主體

壹、前言

宇宙的生命系統包含了自然界與人文界，人類生存其中，應對著世界的運動變化，因此，用變的觀點來觀察生命，萬事萬物的新陳代謝都是動態的過程，人當然也不例外。而古先賢以其思維的智慧和積極的人生態度（註一）所創發的《易經》，正是展現生生不已的變的哲學。

這樣的變的宇宙觀，包含著社會現象與一切人事和自然的初生、過程與消亡，《易經．豐卦．彖傳》所說的：「日中則昃，月盈則食，天地盈虛，與時消息，而況於人乎？況於鬼神乎？」就是由日月運行的變化移轉，進而引申出天地萬物都隨著時間的變化而改異之觀念。這樣的見解說明了發展變化是一切萬物活動的普遍規律，萬物的生生不已，是在日月、寒暑、屈伸的反復往來中實現，正是〈繫辭下〉所說的：「日往則月來，月往則日來，日月相推而明生焉。寒往則暑來，暑往則寒來，寒暑相推而歲成焉。往者屈也，來者信也，屈信相感而利生焉。」

體察世界的變化運動，四時、晝夜、生死都是周而反復的表現，《易經》的作者對於這種循環的道理已有深刻的瞭解。《易經・泰卦・九三爻辭》說：「無平不陂，無往不復。」意思是說平久必有陂，往者必有復，這是終極必反，物極必異的自然現象，而萬物生化消息，正是處在這循環的道理之中。高懷民先生說：「上句（按：即指『無平不陂』）言『平』、『陂』，乃言空間；下句（按：即指『無往不復』）言『往』、『復』，明言運動，暗合時間。所以……實緊扣『宇』、『宙』二字義。」（註二）

高先生認爲：

無平不陂——空間無平面

無往不復——運動無直線

所表現的正是一種「圓道周流哲學」。這樣的圓道周流觀念便是寄託宇宙中的萬事萬物化生的情況，在自由的活動空間中循著法則反復流轉，循迴不已。也就是說，宇宙生命的化育與發展的過程，是由大大小小的圓道所組成，而這些圓環環相扣而周流無盡，也是莊子所謂的「始卒若環」：

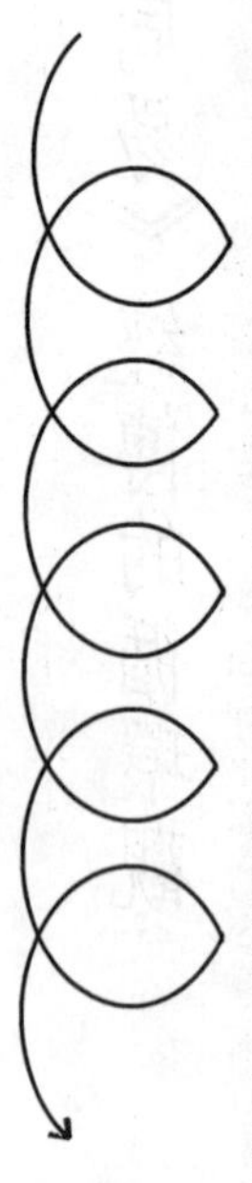

《易經》的作者，肯定的立論萬事萬物均在平陂往復的循環之中應對，而易傳的作者也說明了萬物在陰陽變化的反復循環中實現其終而復始的律動狀態：

> 變動不居，周流六虛，上下無常，剛柔相異。（〈繫辭下〉）

易道的「周流六虛」意正和老子所謂的「周行而不殆」道理相通，亦即流行世界時空，周行而無所不至，終古不窮。

> 終則有始。天行也。（〈蠱卦·彖傳〉）
>
> 反復其道，七日來復，天行也。（〈復卦·彖傳〉）

天地的變化，形成生生不息，日新又新的世界，反復，終始，都象徵物窮極而復化生的道理。《說文》言：「復，往來也。」段注云：「往而仍來。」往而復來，也就是天道運行的恆常規律，因此天道運行反復其中，「終始」、「窮通」、「變化」、「盈虛消長」正是圓道觀念的展現方式。

本文將探討易的經與傳的反復往來觀念，將經、傳分別討論，再對經傳之間作連繫，以建構《易經》的反復循環觀。

貳、《易經》中經、傳的「反復往來」量化統計

《易經》之卦爻辭中，提到「反復」者共有十八條，散佈在九個卦中。其中卦辭有二條，其餘十六條出現在爻辭，而其中又以〈小畜卦〉、〈復卦〉爲提到「反復」較多的兩個卦。在「傳」方面，

仍以〈復卦〉爲最多，共有八條，在〈彖辭〉、〈大象〉和〈小象〉釋各爻中均有提及，次爲〈小畜卦〉共計三條。在全部的以傳解經條列中，〈彖〉、〈象〉共計言反復二十一條，另外在〈繫辭〉、〈說卦〉、〈序卦〉、〈雜卦〉中亦有「反復」之字句出現。〈乾卦〉的三爻與〈屯卦〉的二爻、〈同人卦〉的四爻、〈家人卦〉的上爻都是經無而傳有的情況，至於經有傳無則出現在〈睽卦〉的初爻和〈歸妹卦〉的三爻。

在「往來」方面，經的部分共計六十二條，散佈在三十九個卦中，其中卦辭爲十九條，餘四十三條爲爻辭。其中以〈蹇卦〉的五條爲最多；〈震卦〉的四條爲次；〈屯卦〉、〈無妄卦〉、〈萃卦〉、〈豐卦〉的三條又次之。在「傳」的部位〈彖〉〈象〉解卦爻辭共計五十七條，散佈在三十七個卦中。經有傳無的部分如：〈蒙卦〉初爻、〈比卦〉初爻、〈大有卦〉二爻、〈無妄卦〉初爻、〈咸卦〉三爻、〈明夷卦〉初爻、〈睽卦〉上爻、〈姤卦〉初爻、〈萃卦〉初爻、〈困卦〉二爻、〈豐卦〉初二五爻、〈節卦〉五爻；另外如〈坤卦〉、〈屯卦〉、〈井卦〉是〈卦辭〉有言「往來」而〈彖辭〉和〈大象〉無。在傳有經無的部分，如：〈大畜卦〉的〈大象〉和〈習坎卦〉、〈蹇卦〉、〈漸卦〉、〈渙卦〉的〈彖辭〉有言「往來」而「卦辭」無，另外如〈大壯卦〉四爻、〈益卦〉二爻、上爻、〈既濟卦〉的五爻爲〈小象〉有而〈爻辭〉無之例。除上述之外，〈繫辭〉、〈雜卦〉和〈說卦〉也有「往來」字句出現。在「往來」條例中，〈蹇卦〉和〈震卦〉有較多的「往來」出現。

如果將「反復」與「往來」條例綜合統計，則《易經》的六十四個卦中，共有五十個卦提及（註三），僅就數字上面的統計並不能對易中的「往來」和「反復」蘊含了多少深刻的哲學思維有明瞭的作用，但至少說明了在《易經》的範疇中，往來反復具有不可忽視的地位。

叁、《易經》經文的反復往來思想

《易經》原是問卜吉凶的卜筮之書，但是逐漸地發展成大易哲學，是藉著易傳的解釋、引申和發揮。那麼，是不是表示《易經》的經文就沒有哲學思想嗎？其實不然，《易經》的作者雖然不直接說明自然與人文都是由陰陽兩性產生的，但是「—」與「- -」的符號卻很明顯地表達了作易者的看法，那就是「—」與「- -」的萬物所具有的兩性。由「—」、「- -」以至衍成八卦、六十四卦、三百八十四爻，甚至有卦辭、爻辭的吉凶判斷，當可知曉：在〈繫辭傳〉、〈彖傳〉、〈象傳〉……等以傳解經的文字未出現之前，《易經》就已經有了哲學思想。

抽離《易經》的傳文不談，經文與卦爻已將卦象的變化歸結爲陰、陽的變化，（易之著者不言陰陽，此處爲方便說明，故以陰、陽言之），世界萬物由陰陽的兩個力量互相推移、演化，於是六十四卦便形成卜問與占筮之用，吉凶、禍福都寄寓其中。

在任繼愈所編的《中國哲言史》論〈易經和洪範的思想裡〉一文中，曾經有言《易經》的經的部分是含有哲學思想的，共分爲三方面：

◎《易經》中出現的反復與往來

表一一

	卦名	經：卦辭	經：爻辭初爻	經：爻辭二爻	經：爻辭三爻	經：爻辭四爻	經：爻辭五爻	經：爻辭上爻	傳：彖辭	傳：大象	傳：小象初爻	傳：小象二爻	傳：小象三爻	傳：小象四爻	傳：小象五爻	傳：小象上爻	傳：繫辭	傳：說卦	傳：序卦	傳：雜卦	傳：文言
反復	乾												✓								
反復	屯											✓									
反復	訟					✓								✓							
反復	小畜		✓	✓	✓						✓	✓	✓								
反復	泰				✓			✓					✓			✓					
反復	同人													✓							
反復	復	✓	✓	✓	✓	✓	✓	✓	✓	✓	✓	✓	✓	✓	✓	✓					
反復	家人															✓					
反復	睽		✓																		
反復	蹇				✓								✓								
反復	解	✓							✓												
反復	漸				✓								✓								
反復	歸妹				✓												✓	✓	✓	✓	
反復																					
反復																					
往來	坤	○																			初六○
往來	屯	○			○	○							○	○							
往來	蒙		○																		
往來	需		○						○		○										
往來	訟								○												
往來	比	○	○						○												
往來	履		○								○										
往來	泰	○			○				○				○								
往來	否	○							○												
往來	大有			○																	
往來	隨								○												
往來	蠱					○			○					○							
往來	賁	○							○												
往來	剝	○							○												
往來	復	○							○												
往來	无妄	○	○	○					○		○										

	往																										來				
卦名	大畜	大過	習坎	離	咸	恆	遯	大壯	晉	明夷	睽	蹇	解	損	益	夬	姤	萃	困	井	震	漸	豐	巽	兌	渙	節	小過	既濟		
經 卦辭		○				○							○	○	○	○		○		○	○			○							
經 爻辭 初爻							○			○		○		○		○	○	○			○		○								
經 爻辭 二爻																					○		○								
經 爻辭 三爻	○		○		○							○			○			○							○	○					
經 爻辭 四爻				○	○							○							○									○			
經 爻辭 五爻									○		○	○									○		○				○				
經 爻辭 上爻											○	○																			
傳 彖辭		○	○			○						○	○	○	○	○		○			○	○		○		○					
傳 大象	○																														
傳 小象 初爻							○					○		○		○					○										
傳 小象 二爻															○						○										
傳 小象 三爻	○		○									○						○							○						
傳 小象 四爻				○	○			○				○							○									○			
傳 小象 五爻									○		○	○									○								○		
傳 小象 上爻												○			○																
傳 繫辭																														○	
傳 說卦																														○	
傳 序卦																															
傳 雜卦																														○	
傳 文言																															

◎《易經》中出現的反復與往來（共計）

表二—一

反　復　往　來

卦名	經							傳												
	卦辭	爻辭						彖辭	大象	小象						繫辭	說卦	序卦	雜卦	文言
		初爻	二爻	三爻	四爻	五爻	上爻			初爻	二爻	三爻	四爻	五爻	上爻					
乾												v								
坤	○																			
屯	○			○	○						v	○	○							
蒙		○																		
需		○						○		○										
訟					v			○					v							
比	○	○						○												
小畜		v	v	v						v	v	v								
履		○							○											
泰	○			v ○			v	○				v ○			v					
否	○							○												
同人													v							
大有			○																	
隨								○												
蠱					○			○					○							
賁	○							○												
剝	○							○												
復	v ○	v	v	v	v	v	v	v ○	v	v	v	v	v	v	v					
無妄	○	○	○					○		○										
大畜				○					○			○								
大過	○							○												
習坎				○				○				○								
離					○								○							
咸				○	○								○							
恆	○							○												
遯		○								○										
大壯													○							
晉						○								○						

卦名	經							傳							
	卦辭	爻辭						彖辭	大象	小象					
		初爻	二爻	三爻	四爻	五爻	上爻			初爻	二爻	三爻	四爻	五爻	上爻
反復往來															
明夷		○													
家人															v
睽		v				○	○							○	
蹇		○		v○	○	○	○	○		○		v○	○	○	○
解	v○							v○							
損	○	○					○	○		○					
益	○							○			○				○
夬	○	○						○		○					
姤		○													
萃	○	○		○				○				○			
困			○		○								○		
井	○														
震	○	○	○			○		○		○	○			○	
漸				v				○				v			
歸妹				v											
豐		○	○			○									
巽	○							○							
兌				○								○			
渙								○							
節						○									
小過					○								○		
既濟														○	

傳	
繫辭	v○
說卦	v○
序卦	v
雜卦	v○
文言	○

說明之I：「v」表示「反復之例」，「○」表示「往來之例」。

II：由表中可知〈復卦〉、〈蹇卦〉出現反復往來次數最多，故是探究循環思想應受重視的二卦。（實際探討可知〈蹇卦〉不見得有循環意，但言「遇蹇而返」實亦可說是寄託反復的意思。）

1. **觀物取象的觀念**：

在複雜的自然現象與社會現象中抽象出兩個基本範疇，表示世界是在兩種對抗性的物質勢力運動推移下孳生、發展。

2. **萬物交感的觀念**：

陰陽勢力的推動、矛盾中產生變化，而交感是變化過程，易之經文善於以交感觀點觀萬物動靜之變，以為有交感之象為吉、有前途的。合於事物發展原則。

3. **發展變化的觀念**：

物之始，尚無變化之跡象，持續發展，則變化深刻化、劇烈化，發展到最後階段，則有相反的結果，故有物極必反之原則。

就此觀之，經文對於物起、物終、物變已經把握規律運行的原則，並已有物窮則反的思想。〈復卦．卦辭〉云：

復，亨。出入無疾，朋來無咎。反復其道，七日來復，利有攸往。

〈復卦〉，一陽在下，是天地化生的機能。復是震下坤上疊成，只有初爻是陽。震是雷，冬末春初，陽春雷動，於是一陽隨著雷動而復甦，因合於時而上升，故向外發展可以得亨，陽氣逐漸增多，就會化成萬物，這便是「朋來無咎」的用意。程頤《易程傳》云：「一陽始生，至微，固未能勝群陰而發生萬物，必待諸陽之來，然後能成生物之功而無差忒，……若君子之道，既消而復，豈能便勝於小人？必將其朋類漸盛，則能協力以勝之地。『反復其道，七日來復，利有攸往。』謂消長之道，反復迭至。」《朱熹本義》云：「至於七日，當得來復。……『反復其道』，往而復來，來而復往之意。」程頤將〈復卦〉以君子之道解之，可能是受到〈彖辭〉的影響，卦辭本身並不見得有「君子道長，小人道消。」的意味在其中，而可能的是，〈復卦〉的作者體認天道的變化規律，以言陽氣由下往上運動的現象而有「出入無疾，朋來無咎。」無的辭句出現。〈復卦〉「反復其道，七日來復。」是表示循序進行，反復不停，是天道周理。這裡所說的七日，表示時間的段落，而根據爻數而言，也就是經過六個階段之後，第七個階段又回到原點，再逐漸發展……（此處的原點當然並非指最原始之點），由此看來，〈復卦〉所表現的道理，正是生生不息的發展，也就是周而復始的原理，對於這種生成的循序而進，當然是有利於發展的，故言「利有攸往」。

再看〈復卦〉的爻辭：

初九：不遠復，無祇悔，元吉。

六二：休復，吉。

六三：頻復，厲，無咎。

六四：中行獨復。

六五：敦復，無悔。

上六：迷復，凶，有災眚。用行師，終有大敗，以其國君凶，至於十年不克征。

初九說到：不遠而回，沒有悔恨，強調復反的重要性；六二言滿意而回，亦有吉利；六三是寫遇到困境而回來，但是強調：只要知道復返，則沒有過失。六四是唯一沒有「吉、凶、悔、吝、無咎」等判定之辭的爻，只說中途而返；六五言樸實而回，沒有災禍。從初爻到五爻的不遠復→休復→頻復→中行獨復→敦復，多含有亨通之意，但上六已到極點，窮極之處，使人迷而不能歸復，於是有災禍產生，也就是迷而不知歸返本原之意。從〈復卦〉的經文來看，作者已含有反復的思想。同時，「反復其道」亦表示這七日來復構成一個小循環，而無數的七日來復就建構成宇宙的大循環，這正有周流循環的意義。

在經文的反復思想中最值得注意的便是〈泰卦·九三·爻辭〉所說的：

無平不陂，無往不復，艱貞無咎，勿恤其孚，于食有福。

在前言部分對於經文的含義已有所述，劉長林先生認爲：「一切生物和人事唯有在這循環運動中得以生化發展，……世間所有變遷，都是循環式的運動。『無平不陂，無往不復。』這是《易經》作者對世界運動的最高概括。」（註四）世事變化沒有只平不陂的，也沒有久陂不平的，可見〈泰卦·九三·爻辭〉含有物極必反的循環思想。而爻辭進一步說明誠信的重要性，表示在反復的生息中，守誠守正，是十分重要的。

《易經》經文提到的反復還有下列例子：

不克訟，復即命，渝，安貞吉。〈訟卦·九四·爻辭〉

復自道，何其咎？吉。〈小畜卦・初九・爻辭〉

牽復吉。〈小畜卦・九二・爻辭〉

喪馬勿逐自復，見惡人，無咎。〈睽卦・初九・爻辭〉

利西南，無所往，其來復吉，有攸往，夙吉。〈解卦・卦辭〉

不論是「訟事之回」、「丟馬自回」，或是「無確定目標而回，確定復往」，卦爻辭均以「吉」、「無咎」判定之，可見卦爻辭作者對於「反復」的推崇，知其反則能在進中有所節制，不會一味地盲目向前，如果不知復的道理，會招致禍害，故〈漸卦・九三・爻辭〉云：「鴻漸于陸，夫征不復，婦孕不育，凶。」

另外，卦爻辭所提到的「反復」尚有如下之例。〈小畜・九三・爻辭〉云：「輿說輻，夫妻反目。」是說車子毀壞引起夫妻爭執；〈泰卦・上六・爻辭〉言：「城復于隍，勿用師。」是說城被攻破而倒塌；〈歸妹・六三・爻辭〉云：「歸妹以須，反歸以娣。」是說人的反歸，都不牽涉回反之意。

經文中出現最多「往來」的是〈蹇卦〉：

往蹇來譽。（初六）

往蹇來反。（九三）

往蹇來連。（六四）

大蹇朋來。（九五）

往蹇來碩。（上六）

〈蹇卦〉之意，在強調反省與反回歸原，所以「往」為蹇之境域，而「來復」則能反難趨吉。可見得作易者亦寄合「反復」之意於其中。

〈泰卦・卦辭〉云：

小往大來，吉亨。

程頤說：「往之於外也，來居於內也，陽氣下降，陰氣上交也，陰陽和暢，則萬物生遂，天地之泰也。」就自然現象看，天氣下降、地氣上升，乾坤交合，化成萬物，萬物因而化育。〈否卦・卦辭〉云：

否之匪人，不利君子貞，大往小來。

陽氣上升，陰氣下降，是背道而行，產生相背不交的現象，天地不通，故人處於危機之境。此處所謂的「往來」是指上下交感與否，並無反復循環的思想。

其它如〈坤卦・卦辭〉：「君子有攸往。」、〈屯卦・卦辭〉：「勿用有攸往。」〈屯卦・六四・爻辭〉：「往吉，無不利。」〈蒙卦・初六・爻辭〉：「以往吝。」〈履卦・初九・爻辭〉：「往無咎。」〈大有卦・九二・爻辭〉：「有攸往。」、〈蠱卦・六四・爻辭〉：「往見吝。」〈賁卦・卦辭〉：「利有攸往。」、〈剝卦・卦辭〉：「不利有攸往。」、〈無妄卦・卦辭〉：「于利有攸往。」、〈無妄卦・初九・爻辭〉：「無妄往。」、〈無妄卦・六二・爻辭〉：「則利有所往。」、〈大畜卦・九三・爻辭〉：「利有攸往。」〈大過卦・卦辭〉：「利有攸往。」、〈咸卦・九三・爻辭〉：「

往吝。」、〈恆卦・卦辭〉：「利有攸往。」、〈遯卦・初六・爻辭〉：「勿用有攸往。」、〈晉卦・六五・爻辭〉：「往吉。」、〈明夷卦・初九・爻辭〉：「有攸往。」、〈睽卦・六五・爻辭〉：「往何咎。」〈睽卦・上九・爻辭〉：「往遇雨則吉。」等例，均是表示一種前進之往的狀態，亦無關反復循環思想。

至於其餘的往來例，說明如下：

入于穴，有不速之客三人來，敬之終吉。（〈需卦・上六・爻辭〉）——前來、來到之意。

不寧方來，後夫凶。（〈比卦・卦辭〉）——前來、來到之意。

有孚比之，無咎。有孚盈缶。終來有它吉。（〈比卦・初六・爻辭〉）——①于省吾認爲：「來，疑未字之訛，古文來未二字形近，終未有它，故言吉也。」②終於到來之意

來之坎。（〈坎卦・六三・爻辭〉）——走來之意。

突如其來如。（〈離卦・九四・爻辭〉）——降臨之意

已事遄往，無咎。（〈損卦・初九・爻辭〉）——參加之意

朱紱方來。（〈困卦・九二・爻辭〉）——前來，來到之意

來徐徐。（〈困卦・九四・爻辭〉）——前來，來到之意

往來井井。（〈井卦・卦辭〉）——來回走動貌

另外如「震來虩虩」、「震來厲」、「震往來厲」（〈震卦〉初九、六二、六五之爻辭）爲出現

之意，「來兌，凶。」（〈兌卦・六三・爻辭〉）則爲招致之意，並無反復之意。

經文中出現的反復往來不可謂少，但是大部分的意義都不是申言循環之意，不過從「反復其道，七日來復。」、「無平不陂，無往不復。」等辭句中，實可明瞭作意者反復循環的觀念。

在經文的文字中有些卦爻辭雖不見反復往來，但是卻亦可見作易者的循環觀念，〈乾卦〉就是很好的例子：

初九，潛龍勿用。
九二，見龍在田，利見大人。
九三，君子終日乾乾，夕惕若，厲，無咎。
九四，或躍在淵，無咎。
九五，飛龍在天，利見大人。
上九，亢龍，有悔。
用九，見群龍無首，吉。

〈乾卦〉究竟有沒有刻意安排一條龍的由沈潛而至飛、亢，實在很難認定，可是若與自然法則和人事規律相看待，此中過程正是表示上升與發展，而到了最上層時，無法繼續前進，就要往下回返，開始另一個新的循環。

再一方面，六爻由下而上爲初、二、三、四、五、上爻，《易經》言初上而不言初終，初是言始於現象界，物可聚而散，又可散而聚，無終點可言，故「上」的定位只不過是暫時的極盛的，盛極便復於下，因此就六爻來看，亦存有反復循環觀。

肆、〈彖傳〉的反復往來思想

〈彖傳〉共有六十四條，解釋《易經》的卦名與卦辭，並進而申論卦義。李鏡池先生認爲，〈彖傳〉是結合陰陽家所發展出來的剛柔說（註五）、道家的宇宙觀和儒家的政治思想、行爲修養來解釋《易經》的。（註六）由此可以看出〈彖傳〉是剛柔說與天道、人道觀的發揮，而〈乾卦・彖傳〉與〈坤卦・彖傳〉，正是這種以天道和剛柔爻位與人事相配思想的呈現：

大哉乾元，萬物資始，乃統天。雲行雨施，品物流形，大明終始，六位時成，時乘六龍，以御天。（乾）

至哉坤元，萬物資生，乃順承天。坤厚載物，德合無疆，含弘光大，品物咸亨。（坤）

作者認爲道統天、地承天，天的日月終始運行，如同六爻的六陽，均在適時中出現，成始成終，成終成始。作者又言「德合無疆」，意實通老子所謂「周行而不殆」。就乾坤的彖辭來看，「大明終始」、「德合無疆」是表達終而成始，無窮盡的意思。天地日月的運行不已，正是循環的觀念，在〈彖傳〉中，〈恆卦・彖辭〉亦有如〈乾卦・卦辭〉所說的大明終始義：

恆，久也，剛上而柔下，雷風相與。巽而動，剛柔皆應恆。恆，亨，無咎，利貞，久於其道也。天地之道恆久而不已也。利有攸往，終則有始也。日月得天而能久照，四時變化而能久成。聖人久於其道而天下化成。觀其所恆，而天地萬物之情可見矣。

此處的「往」指前進、前往之意，而就整段文字看來，「恆久而不已」、「終則有始」、「日月久照」、「四時變化久成」，有循環反復、無窮無盡之意。作者表達了反復生生不息的觀點，「利有攸往」只是解釋（或提醒）行爲現象，但是物與時序的交替變異卻存在而且久遠。作者更表達了聖人所以異於天下人，便是因爲聖人經久握道，成就天下人以教化，進一步將循環反復的思想由天道衍生到人事。另外如〈損卦・彖辭〉云：

損，損下益上，其道上行。損而有孚，元吉，無咎，可貞，利有攸往。曷之用？二簋可用享。二簋應有時，損剛益柔有時，損益盈虛，與時偕行。

損益盈虛，各有其時的天道循環，其實也寄寓在〈益卦・彖辭〉：

益，損上益下，民說無疆，自上下下，其道大光。利有攸往，中正有慶，本道乃行。益動而巽，日進無疆。天旋地生，其益無方。凡益之道，與時偕行。

順時而動的循環之理，必須配合「有孚」之誠信和謙卑之胸懷，而重要的是損益之道必須配合時機，節令，或損或益，便能生育無窮。〈剝卦・彖辭〉亦說：

剝，剝也，柔變剛也。不利有攸往，小人長也。順而止之，觀象也。君子尚消息盈虛，天行也。

天地之損益變化道理，是君子所看重的，是故把握萬物的生滅起落、陰陽剛柔，是爲尚天之行。

天地運行的實質性規律，在〈復卦．彖辭〉表達得更爲明顯：

復亨，剛反，動而以順行，是以出入無疾，朋來無咎。反復其道，七日來復，天行也。利有攸往，剛長也，復其見天地之心乎？

內卦爲震陽，外卦爲坤陰，是陽剛返復於內的卦象。符合正道之行，無往不利。〈彖傳〉認爲反復循環，七爲周期的卦辭之說，正是體現天道運動的迴環規律。在合於圓融之道中行事，有出歸往返，周而復始的自然眞理。

〈蠱卦．彖辭〉云：

蠱，剛上而柔下，巽而止，蠱。蠱，元亨，而天下治也，利涉大川，往有事也。先甲三日，後甲三日，終則有始，天行也。

《易經證釋》說：「蓋天行七日一周，終而復始，終則另一度。如是循環，以盡周天。」故終而以始代之，是天地運轉的循環之理。

〈泰卦．卦辭〉言：「小往大來，吉亨。」〈否卦．卦辭〉云：「否之匪人，不利君子貞，大往小來。」經文未詳細說明往來之大小意涵爲何，但兩卦的彖辭加以解析：

泰，小往大來，吉亨。則是天地交，而萬物通也；上下交，而其志同也。內陽而外陰，內健而外順，內君子而外小人，君子道長，小人道消也。（〈泰卦〉）

否之匪人，不利君子貞。大往小來，則是天地不交，而萬物不通也；上下不交，而天下無邦也。內陰而外陽，內柔而外剛，內小人而外君子，小人道長，君子道消也。

〈彖傳〉由陰陽消長配合君子小人之道，並且說天地交合則萬物通泰，不交則無所成就，將往來之意和君子小人之行結合。大往小來，小往大來，表示消長虛盈的道理，交與不交的條件正影響君子、小人的盛衰，作者未明言反復循環之道，但以二卦合看之，道消道長，道長道消，其實亦有否極泰來，終而復返之意，君子固然有消至極處之時，但困窮終非永遠，必能再復而長。

〈賁卦・彖辭〉云：

賁，亨；柔來而文剛，故亨，分剛上而文柔，故小利有攸往。天文也；文明以止，人文也。觀乎天文以察時變，觀乎人文以化成天下。（〈賁卦〉）

「來」指艮之來，艮來置於上而文飾柔，故有利於「往」，往來並無顯示反復之意，但彖之作者言：剛柔交錯是天文，文明變化是人文，因此聖人體察天地四時的運轉行動而以人道順應天道之變來化成人衆。四時的運行變化是循環的，但此處只是以這種現象來表達人仰觀俯察之所得，並不能說有強烈的循環思想。

〈彖傳〉提到往來反復尚有如下的文句：

剛來而下柔，動而說，隨。大亨貞，無咎，而天下隨時，隨時之意大矣哉！（〈隨卦〉）

作者以剛居柔之下之理以配君子尊位居下而禮民的情況。其它如：

無妄，剛自外來，而爲主於內。（〈無妄卦〉）

訟，上剛下險，險而健訟。……剛來而得中也。（〈訟卦〉）

比，吉也，比，輔也，下順從也。……不寧方來，上下應也。（〈比卦〉）

這些〈彖辭〉的「來」均是就爻位來說：而如：

大過，大者過也。……利有攸往。（〈大過卦〉）

習坎，重險也。……行有尚，往有功也。（〈習坎〉）

夬，決也，……利有攸往，剛長乃終也。（〈夬卦〉）

萃，聚也，……利有攸往，順天命也。（〈萃卦〉）

重巽以申命，剛巽乎中正而志行。……利有攸往，利見大人。（〈巽卦〉）

都強調「往」的功用，或配以爻位來說，或配以志行來說，但和反復觀無關。

在〈彖傳〉中，傳文未明言反復思想，而實際隱含的，亦有如下之例：

天地以順動，故日月不過而四時不忒。聖人以順動，則刑罰清而民服。（〈豫卦〉）

觀天之神道而四時不忒，聖人以神道設教而天下服矣。（〈觀卦〉）

《論語・陽貨篇》記載了孔子之言：「天何言哉？四時行焉，百物生焉，天何言哉？」四季的運轉流行，化育萬物，故孔子認爲天是人行的準則，但並未明說，而〈彖傳〉就根據天道以說明人道，因此言聖人順者自然而建立人道教化。聖人之所據者，是日月的運行沒有過失，四時的循環沒有差錯，而人就在這循環而無失的天體中滋、息、衰、毀，而又有新的成、起、落、失，……復而再復，因此，不論是日月、人鬼，都是在宇宙中來而復去，去而又來的，故〈豐卦．彖辭〉云：「日中則昃，則盈則食，天地盈虛，與時消息，而況於人乎？況於鬼神乎？」〈彖傳〉將天道的自然情狀下推到人文之理，應該不是《易經》以占卜爲用的原始思想。而〈彖傳〉作者以天道發揮人生的政治，修養之道，把人相結合，再配以剛柔交感、得位時中來釋卦，即使在表達循迴往復的思想中，亦不免託言聖人、君子之爲，以天行爲準。

伍、〈象傳〉的反復往來思想

〈象傳〉是對於卦爻辭的卦象和卦義加以發揮，望文生訓、敷陳字句。而〈大象〉的申述卦義，是就事物的情境做說明，而將之引入進德修業的君子之道來歸結；〈小象〉則是解說爻辭，在人事的作爲上亦有所發揮。

〈大象〉是強調君子之德行涵養和爲政者的容民畜衆之胸懷。因此所關心的治國安民、立己立人的儒家精神，固然有對於萬物的規律加以掌握運用（如：〈泰卦．大象〉：「后以財成天地之道，輔相天地之宜，以左右民。」）觀念，但對於反復循環的理則甚少發揮，即連〈大象〉所出現的反復往來也僅二處：

> 天在山中，大畜；君子以多識前言往行，以畜其德。（〈大畜．大象〉）

這段話的意思是說：君子應多識前賢的言論行事，來提昇自己的品格。此處的「往」是指過去之意，並無反復循環思想。另外如〈復卦．大象〉云：

雷在地中，復，先王以至日關閉，商旅不行，后不省方。

此處的「復」是指「復卦」而言，講〈復卦〉的卦象，亦不涉及循環之意。〈大象〉提到往復就此二例，因此實難以看出〈大象〉的反復思想。再就〈小象〉分析。〈小象〉中共計言反復往來之處有五十次，數量不算少，但是以吾人所體認的意義來看，卻多非循環之意，如：

六二之難，乘剛也，十年乃字，反常也。（〈屯卦．大象．六二〉）

是指不合於常理的現象。

威如之吉，反身之謂也。（〈家人．小象．上九〉）

是講求反省自身行爲的說法。

藩決不羸，尚往也。（〈大壯．小象．九四〉）

是表示尚往無阻的現象。

乘其墉，義弗克也，其吉，則困而反則也。（〈同人．小象．九四〉）

是言返於我方法則，即指回到正義而不以攻擊敵方爲要。

或益之，自外來也。（〈益卦．小象．六二〉）

莫益之，偏辭也。或擊之，自外來也。（〈益卦．小象．上九〉）

是指自外而來的現象。

東鄰殺牛，不如西鄰之時也；實受其福，吉大來也。（〈既濟・小象・九五〉）

是指吉慶的降臨而言，均無關反復之理。有反復循環之意者，是〈乾卦・小象・九三〉的：

終日乾乾，反復道也。

說明君子勤奮努力，堅持不捨，必須反反復復，循著道理行而復行。

〈小象〉所提到的往復思想，最受重視的，是〈泰卦・小象・九三〉所說的：

無平不陂，無往不復，天地際也。

由於〈小象〉多是對爻辭的逐句解釋，而除了上述的例證之外，〈小象〉所出現的「反」、「復」、「往」、「來」在爻辭中都已出現過，並未對反復觀念有所擴充，且其意義在第參部分討論經文的反復往來思想時已有說明，故此處從略。

綜合看來，〈象傳〉重視天道下行，人類處於社會中所表現的君子之德，故「先王以……」、「君子以……」、「后以……」的字句大量呈現在〈大象〉中，而「志行正」、「志未德」之詞語，為〈小象〉所常用，強調人之合宜規矩。雖然人類的行為，規範都必須行之於循環宇宙的生生世界中，但〈象傳〉作者看重現實社會的教化與德治，因此較不言整體宇宙觀的循環大道，而著眼社會現象的實際應世之學，以至於反復往來的觀念在〈象傳〉中並不多見。

爻辭之言，已肯定萬事萬物都在平陂往復的循環之中，而《易傳》言「天地際也」是對這種往復循環、天地萬物所遵循的客觀規律之確認。天地交際，反復交接，正是循環無窮的大道理。

陸、〈繫辭傳〉的反復往來思想

〈繫辭傳〉說：「天地之大德曰生。」（下傳第一章）「聖人有以見天下之動，而觀其會通。」（上傳第七章）宇宙萬物的生動變化，所以生生不息，就在於事物存有陰陽、動靜、剛柔等對立面的摩蕩、交感與消長的作用，而事物到了極點，也會產生新的變化，下傳第八章說：「易之……為道也屢遷，變動不居，周流六虛，上下無常，剛柔相易，不可為典要，唯變所適。」又說：「易，窮則變，變則通，通則久。」（下傳第二章）易的變化，不斷發展，整個宇宙就是如此，因而日月推移而有黑夜白天；寒暑推移而有春夏秋冬，正是「剛柔相摩，八卦相盪，鼓之以雷霆，潤之以風雨，日月運行，一寒一暑。」（上傳第一章）這可說是〈繫辭傳〉裡所蘊含的循環變化的宇宙觀。

就〈繫辭傳〉來說，感通天下之故的精神、生生不息的化成、德行的抑過還善、開物成務的事功是哲學道理之所在，而這些哲理之呈現，亦含有反復循環的宇宙觀。以下對傳文所提到的「反復往來」加以分析。

〈繫辭傳〉提到往復共有五條，其一為：

> 仰以觀以天文，俯以察於地理。是故知幽明之故，原始反終。故知死生之說，精氣為物，游魂為變，是故知鬼神之情狀。（〈繫辭上‧第四章〉）

事物的生、成、毀、滅就是一種往反來去，智者在體察天文地理的自然情狀，更進一步地反求天地與人之所來由的原始初生，推論到終極，復由終極而知生之說，意思便是說，易可以推源物之原始，以反求物之終結之理，所以能明瞭生死交替，對事象的終始循環加以掌握。〈繫辭傳〉提到的反復，除了上述之例外，餘皆是對經文的卦爻辭或卦德加以剖析說明，例如：

子曰：「顏氏之子，其殆庶幾乎！有不善未嘗不知，知之未嘗復行也。易曰：『不遠復，無祇悔，元吉。』」（〈繫辭下・第五章〉）

這是就顏淵的不貳過所提出的讚美之辭，傳文引用了經文〈復卦・初九・爻辭〉所說的：「稍有過失，迷途不遠，就能改過自新，不會有大悔過，這是吉利的象徵。」傳文以「復行」表示再次的行徑，以「不遠復」之「復」表「返回」之意，有很明顯的反復之道。〈繫辭傳〉又云：

復，德之本也。（〈繫辭下・第七章〉）

復小而辨於物。（〈繫辭下・第七章〉）

復以自知。（〈繫辭下・第七章〉）

都是就〈復卦〉的意涵提出見解。陸象山說：「復者，陽復，爲復善之義，人性本善，其不善者，遷於物也。知物之爲害而能自反，則知善者及吾性之固有，循吾固有而進德，則沛然無它適矣。」〈繫辭傳〉的作者將復解爲歸於善道是道德的根本，強調人生的修養貴在反思省察，遷善自新。同時，作者又認爲復爲一陽之生，動於細微，但只要持續善念，不爲妄物所迷失，所以雖謹於細小的事物，亦可以辨明是非。因此易傳的思想可說是一種復道之心也。這種復道反省之心，在於自身之回顧反省。

能夠反省知過，便是從亂迷中回返，復行於德正之途。

綜合上述，〈繫辭傳〉提到的反復都是以回復到善行的根本而言，陸象山曰：「知復則內外合矣。」意即人應把握原則，擇善固執，塑造一個完善的人格修養，即使是入於憂患或入於過失，亦能於迷途中知返，如此便可與天地之恆久常道相合其德，「了解天道循環反復的道理。」（註七）

在往來之例方面，〈繫辭傳〉云：

是故闔戶謂之坤，闢戶謂之乾。一闔一闢謂之變，往來不窮謂之道。（〈繫辭上・第十一章〉）

馮友蘭先生在《中國哲學史》中以爲：

易傳認爲，宇宙間的變化，其內容不過是事物的成毀。……事物的成毀，也就是乾、坤的開闔。事物的成是其來，其毀是其往。一來一往就是變。這種往來是無窮的。……「往來不窮」就是說，來者往，往者再來。再來謂之「復」。

也就是說，不論是進退成毀或是一開一闔，都表示了事物的反復狀態。而反復的狀態是對立卻又互助的關係，相互之間的反復循環，實際亦蘊含了「陰中含陽」、「陽中有陰」的轉化觀念，一陰一陽、陰極陽生，陽極陰生，轉化無盡，卦爻辭反映了自然與人事的變化，而開闔的變化是無窮無盡的。無盡的復，在空間所見則有日月的表現，在時間所感則有四季的循環，傳文下第五章又說：

日往則月來，月往則日來，日月相推而明生焉。寒往則暑來，暑往則寒來，寒暑相推而歲成焉，往者屈也，來者信也，屈信相感而利生焉。

陰陽相感，萬物化生，日月、寒暑的相互轉化，造成日復一日、年復一年，去者並未消滅，而是在另一個時機中復來，去來之間，循環反復，因此，屈伸交替，周流不已。

〈繫辭傳〉中所言的往來是否都具有反復的循環觀？答案可能不是肯定的。下傳第五章曾引〈咸卦・九四〉的爻辭：「憧憧往來，朋從爾思。」雖然此句的往來之意是來回反復之意，但卻是形容心緒來回的反復不寧之狀。除此之外，傳文所提到的「往來」，一部分是說明易道的精妙之理，能知來事的意思，循環觀念並非闡述的重點所在。如〈繫辭傳〉云：

富有之謂大業，日新之謂盛德。生生之謂易，成象之謂乾，效法之謂坤。極數知來之謂占，陰陽不測之謂神。（〈繫辭上・第五章〉）

作者強調易道的大業和盛隱之功，言易道重在相續相生，變化萬物的生育之妙，並說明在窮極卦爻之數中明瞭宇宙變化的道理，以知道未來產生的變異。〈繫辭傳〉又說：

聖人以此洗心，退藏於密，吉凶與民同患，神以知來，知以藏往，其孰能與此哉。古之聰明睿知神武不殺者夫！（〈繫辭上・第十一章〉）

易傳的作者提出了聖人藉由易來通曉天下人的意志，來奠定天下的大業，由天道之涵蓋，解決天下的疑惑。因此聖人可以滌除心中成見、慾望、我執，保有光輝藏諸用的寂然大公之心，而能以百姓之心爲心，吉凶樂憂與民同擔。而聖人更可以從《易經》的神妙之理體會到將來事物的發展變化，同時《易經》的智慧更可以儲有歷史既往之經驗。能以人憂爲己憂而解天下之難而知來者，是作者所稱讚的

「古之聰明睿智神武而不殺者」。

易傳作者又云：

夫易，彰往而察來，而微顯闡幽。（〈繫辭下．第六章〉）

「彰往」即是「藏往」，「察來」即是「知來」，《周易折中》云：「彰往即藏往也，謂明於天之道，而彰明已往之理；察來即知來也，謂察於民之故，而察知未來之事……謂以人事之顯而本之於天道，……謂以天道之幽而用之於人事。」意即易是彰明以往的事跡，用來體察未來事態的變化，使精微的道理明顯。易傳作者言易道的精要神妙，正是人類行爲的徵驗依循，所以當「君子將有爲也，將有行也，」必將「問焉而以言」（〈繫辭上．第十章〉）：

其受命如嚮，無有遠近幽深，遂知來物，非天下之至精，其孰能與於此。（〈繫辭上．第十章〉）

王夫之云：「易原天理之自然，析理於毫髮之間，而吉凶著於未見之先，此所以爲天下之至精，而君子之所必尚也。」（註八）由此看來，易傳認爲君子之行當以《易經》爲尚，而易的精微，正有預知未來發展變化的功能。

上述之例，均屬於揭示歷史之跡而闡發顯明未來之行事變化的意思，而《易經》有知來的功能，主要是表現在占筮的行爲上，傳文下傳第十二章有「占事知來」之語，上傳第五章亦言「極數知來之謂占」，因此這些往來之例是強調占未來發展的結果，較不具反復往來的循環思想。

〈繫辭傳〉提到的往來尚有三例：

「初六，藉用白茅，無咎。」子曰：苟錯諸地而可矣，藉之用茅，何咎之有？愼之至也。夫茅之爲物薄，而用可重也。愼斯術也以往，其無所失也。（〈繫辭上．第八章〉）

此處解〈大過卦．初六〉的爻辭，言以謹愼之心去從事任何行動，應是無所失的，這裡的「往」是指行動之意，並無反復之意。再如下傳第五章：

精義入神，以致用也，利用安身，以崇德也，過此以往，未之或知也，窮神知化，德之盛也。

意爲研義入熟，保身彰德，若超此而向上探求，便入於不可盡知的境界，此處的「往」亦無涉循環之理。

綜觀全傳，雖然明言「反復往來」的條例並不太多，但是推究作者的敍述立場，可知作者是站在發展規律的矛盾統一、禍福得失，成毀消息的觀點來看待世界，而這正是物極必反、反而復生的往來規律。因此可以說：〈繫辭傳〉將易視爲整體的研究對象，說明天地萬物的客觀規律，解析人事吉凶福禍形成的因素，並且寄託了宇宙世界的循環觀。

柒、〈說卦傳〉的反復往來思想

〈說卦傳〉是說明各卦之所以立及各卦所代表的卦象和引申的卦象，不僅用八卦來指稱八種事物，更通過這些事物說明萬物的變化。〈說卦傳〉的作者將八卦與萬物作連繫，言「動萬物者莫疾乎雷」、「終萬物始萬物者莫盛乎艮」等四時運作，萬物變化的生生不息狀態。

〈說卦傳〉提到往來者有一例，其曰：

天地定位，山澤通氣，雷風相薄，水火不相射，八卦相錯。數往者順，知來者逆，是故易，逆數也。

乾是天而坤是地，天和地是互相對立的，但是卻能交而合德；艮表示山而兌表示澤，山澤是異體的，但是氣息卻是互相流通的。震爲雷而巽爲風，風與雷各有所動，但卻是相互激盪的；坎是水離是火，水火是互相剋制不入，但卻是相資的。八卦互相依存而又交錯排列，復衍成六十四卦。既然天地定位，又有六十四卦以言事物的對立與統一，並言事物的吉凶義理，因此可以「數往者順，知來者逆。」關於「數往者順，知來者逆，是故易，逆數也。」的意涵，孔穎達之《周易正義》說：

易之爻卦與天地等成性命之理、吉凶之數，既往之事，將來之幾，備在爻卦之中矣，故易之爲用，人欲數知既往之事者，易則順后而知之；人卻數知將來之事者，易則逆前而數之。是故聖人用心易道以逆數知來事也。

一般的理解，認爲：研究以往事物的演變是依順著次序的，而推求事物未來的得失和成敗，就必須溯知以往的成敗得失以爲規則。因此，《周易》是「察既往而知來者的理數」。（註九）這是就人類的行爲處事方面來說，強調鑑古知來的意涵。但對於可察往知來的理數並無深刻的說明。周振甫先生則認爲：〈說卦傳〉的作者在事物的關係中看到對立和統一的關係，互相對立的事物卻又能轉化爲相資相成。卦爻辭所記載的是過去的經驗實證，是自遠而近，順著時間先後而來的，也就「數往者順」；

而《易經》又占問未來的吉凶，是自近而遠，以六爻來看，是由初爻、二爻、三爻……倒推而上的，故曰「知來者逆」。推求未來，占問吉凶，在空間的爻位來講，是由下往上，在時間來說，是由明年、後來……而推算的。

就上述孫氏所言，可作如下的圖示：

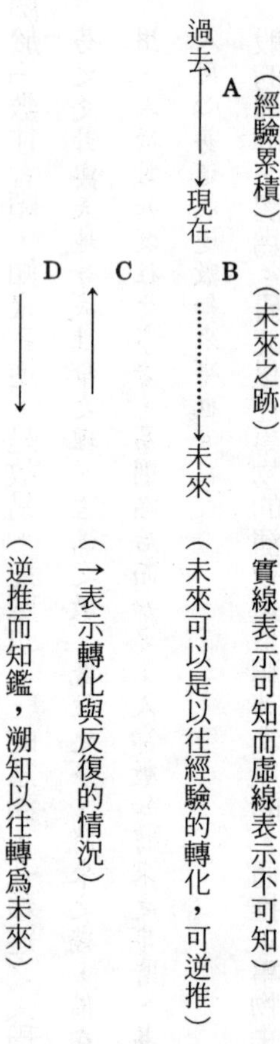

過去的得失經驗昭示於前是A，未來之事雖不可知是B，但要知B的運動可以由推溯既往的行動C而以爲殷鑑，故D的活動可說是A的轉化，也類同於A。那麼宇宙的之萬事萬物，使是在無限的反復轉化中運行不已。

就周氏的觀點，可作如下的圖示：

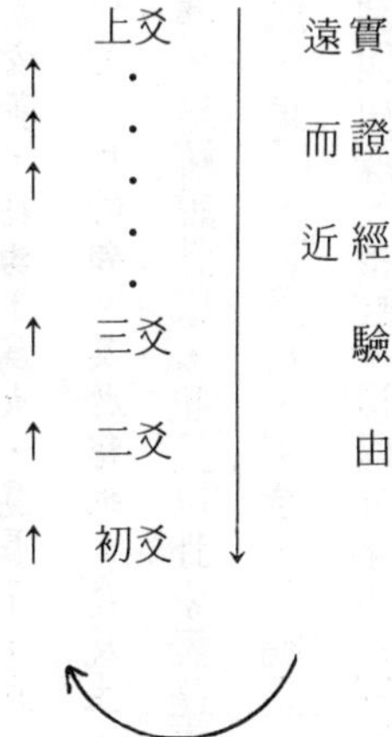

先驗的實證是行爲的標的，歷史經驗的先後傳承，是後世的指導原則，然鑑古求未來之吉順，必須小心翼翼，逐漸發展，如同初爻所視的萌芽階段，經歷努力的過程，才能上達完成階段，事物由萌以至成的過程，又將成爲一個經驗累積，亦爲歷史的痕跡，故亦是另一個實證經驗，如此反覆不已，生生不息。因此，由遠而近的例證，再由初、二、三……以至上爻的追溯往上，復由上溯凝成經驗，成就另一個例證，實有循環之道在其中。

孔穎達講「將來之幾，備在爻卦之中矣。」周氏的理解已涉及爻位的上推，而探求其意亦能成立，另外高懷民先生的說法亦頗合理。高氏認爲「數往者順，知來者逆，是故易，逆數也。」是〈說卦傳〉

的作者就七、九、八、六的四數周流而言。七、九、八、六雖然起於占筮之術，但其「陽動而進，及老變陰，陰動而退，及老變陽。」的理則，卻正是易道周流不息，反復環迴的哲學，如果以圖表示之，便是：

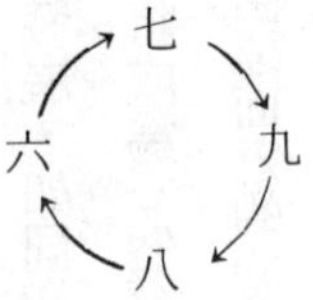

七 → 九 → 八 → 六 → 七

〈說卦傳〉之所以言逆數而不言順數，似乎有「逆數彰顯易道的變化反復」之體認。陽性之順，固然有動而生化，孳孳不息的性質，但是如果沒有陰性的退反回歸，那麼陽也無法凸顯。所以數往知來，而以逆歸之，其意義正包含了陰陽反復，變化生成的循環周流之道。

下面看〈說卦傳〉的反復之例：

震爲雷，爲龍，爲玄黃，爲旉，爲大，爲長子，爲決躁，爲蒼筤竹，爲萑葦。其於馬也，爲善鳴，爲馵足，爲作足，爲的顙。其於稼也，爲反生。其究爲健，爲蕃鮮。

前面說過，〈說卦傳〉是解說卦象，並且以卦象表達事物象徵和德性象徵。在這段文字中作者提到了屬於的象徵有雷、龍、長子、蒼筤竹、萑葦、善鳴馬、馵足、作足、的顙、及反生之稼。而特別強調的德性象徵爲動、健與決躁、蕃鮮。這段文字可以歸納出〈說卦傳〉的作者賦予震所包含的自然界與人文界的概念形象：

天時—雷

地理—大途

人物—長子

動物—龍、馬

植物—蒼筤竹、萑葦、反生之稼

〈說卦傳〉強調善鳴之馬和反生之稼，而言反生之稼，是以果實在下而莖葉在上的反生植物來比附震卦之象，事實上亦符合雷出地而發奮、萬物激起的震動現象。因此〈說卦傳〉之言「反生」之反，當爲震動剛健之意。

是否有反復循環之意，不易辨析，但卻強調了變動發展的現象。

是否有回復循環的觀念雖仍待印證，不過在其它詞句中可找到某些反復之意的訊息：

> 常出乎震，……成言乎艮。萬物出乎震，……萬物之所得也，……萬物之所成終而成始也，故
>
> 曰：成言乎艮。

〈說卦傳〉的這段敘述以圖表示，是：

因此可以知道，震之動爲初始，亦爲一循環後的反始後生之初，那麼「反生」的意義正可解釋成物反之始，循環之初，而這段話的意義，可理解爲：陰陽萬物與春生、夏長、秋穫、冬藏，都是在季節的反復循環中成始成終，成終成始，揭櫫了終而復始的循環觀念。

〈說卦傳〉雖然以解說卦象爲主，但也蘊含有反復往來的循環觀念。〈說卦傳〉的循環觀念包含了陰陽反復（就數術而言）、數往知來之復，與萬物生成的終始之復，並且以方位，四時的觀點與天地人道的行事、現象相配合，成就宇宙的生生變化和圓行周流。

捌、〈序卦傳〉的反復往來思想

〈易經〉的六十四卦，原來是沒有系統組織與順序的，從焦贛、京房以來便有學者爲六十四卦排列順序，而今日所見之〈序卦傳〉是從事物的發展之理而衍義的。〈序卦傳〉闡述《周易》的道理。前後呼應，言事物發展到窮極的階段必產生另一種結果來說明世界生命的活動是蛻變，是物極必反，周而復始的。

《周易淺述》云：「〈序卦〉之意，有以相因爲序，〈乾〉、〈坤〉、〈屯〉、〈蒙〉是也。有以相反爲序，〈泰〉、〈否〉、〈剝〉、〈復〉是也。天地間不出相同相反二者，始則相同，極必相反也。」孔穎達《周易正義》言：「二二相耦，非覆即變。」可見〈序卦傳〉強烈地顯出反覆與變異的思想。將六十四卦二二相因，可出現三十二組卦，這些卦的組合有三類，其一是：〈乾〉與〈坤〉、〈頤〉與〈大過〉、〈習坎〉與〈離〉、〈中孚〉與〈小過〉等四組卦，是屬於陰陽爻互相變異的，也就是所謂相錯、旁通，也是所謂的「變」：

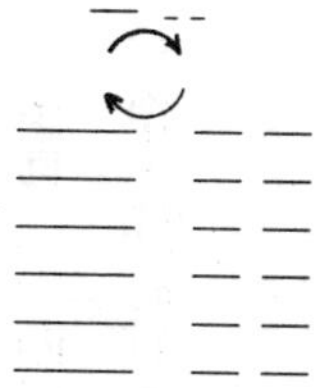

坤　乾

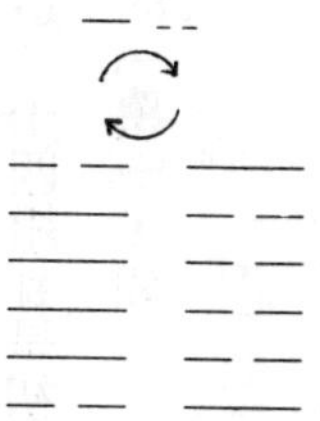

頤　大過

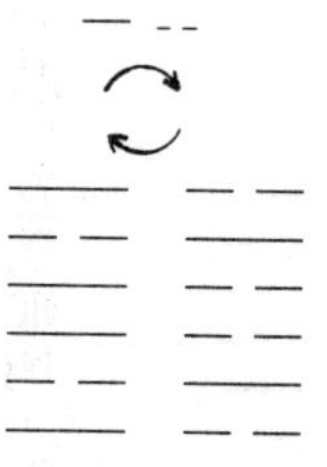

習坎　習離

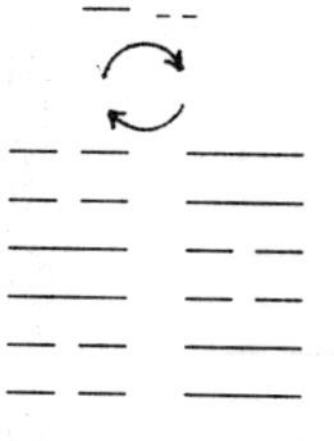

中孚　小過

另外一類是二十四組卦，這二十四組卦是初至上爻的順序互爲顚倒，形成兩兩相反復的卦，也就是相綜，反覆，即孔穎達所說的「覆」，如：

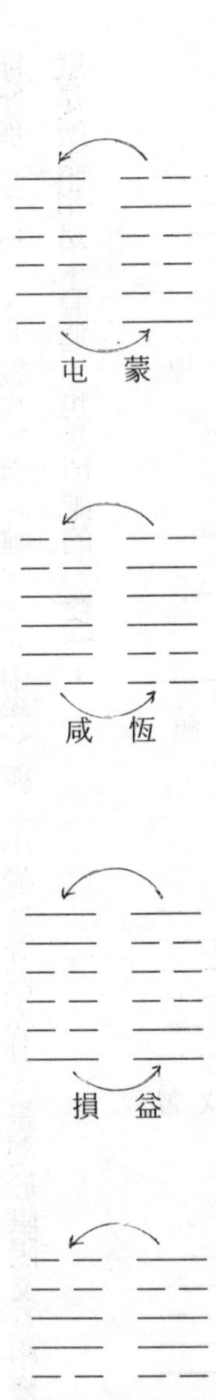

而其中又有相錯又相綜的，共有四組卦：

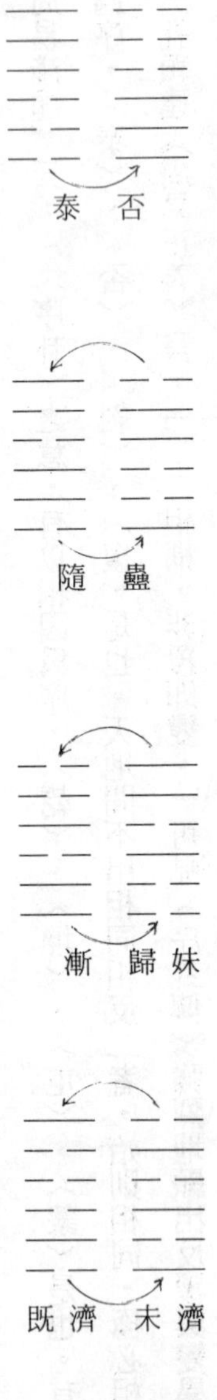

卦的爻位倒置關係，已透露出〈序卦傳〉的作者強調了反復的原理，而就〈序卦傳〉的解說六十四卦之序次與涵義，以表現事物之消長終始，更可以明確的了解〈序卦傳〉是以周而復始，圓道周流的循環觀來說易的：

> 泰者，通也。物不可終通，故受之以否。
> 物不可以終否，故受之以同人。

剝者，剝也。物不可以終盡，剝窮上反下，故受之以復。

復則不妄矣，故受之以無妄。

頤者，養也。不養則不可動，故受之以大過。

物不可以終過，故受之以坎。

震者，動也。物不可以終動，止之，故受之以艮。

艮者，止也。物不可終止，故受之以漸。

有過者必濟，故受之以既濟。

物不可窮也，故受之以未濟終焉。

〈序卦傳〉用「受之以」相連兩卦，造成卦卦相連的事物衍生情勢，從乾坤以至於既濟、未濟、環環相扣，復由未濟回到乾坤，周而復始，故言：「物不可窮也，故受之以未濟焉。」程頤說：「既濟矣，物之窮也。物窮而不變，則無不已之理。易者，變易而不窮也。……未濟則未窮也。未窮則有生生之意。」正是表達生命過程的循環往復，無窮無盡的生生之意。

〈序卦傳〉又以「物不可以終通」、「物不可以終否」表達事物逆轉的極而必反復之義。因此可以說，〈序卦傳〉對於事物的發展，採取相繼推衍而化生，窮極逆轉而變異的看法。

〈序卦傳〉在說明宇宙的發展至極而轉化，不斷循環之理的同時，也強調了人處於反復循環之道的行事原則：

有天地，然後有萬物，有萬物然後有男女，有男女然後有夫婦，……有上下然後禮義有所錯。

〈序卦傳〉作者認為事物順勢而行，相繼衍生或逆轉變化，而人必須要體認物極必反的原則，以謙沖禮義以應長久之變，因此人類在順勢反復的變異中必須以德自修，掌握天道之理以應人事。

就〈序卦傳〉的整體來看，作者所安排的是一個大循環的變異化生，下面再佐以〈序卦傳〉中所提到的反復之例加以討論：

剝者，剝也，物不可以終盡，剝窮上反下，故受之以復。

剝是剝蝕的意思，但事物不可能永遠剝蝕，上面剝落完了回到下面再上升，所以接下來的復卦。「窮上反下」有物極必反的意思。

復則不妄矣，故受之以無妄。

物既有反有復則不會有妄謬，強調了「復」的重要性。

夷者，傷也，傷於外者必反其家，故受之以家人。

此例之意，言在外損傷則必定要歸返其家，有歸之意，但反復往來之意較不明顯。

因乎上者必反下，故受之以井。

上升不已，便會受到窮困厄難，必然會下降。也就是說升至窮極之點，必然會復反於下，方能有另一個階段的延續，此例亦是終極而反復之意。

〈序卦傳〉雖然僅出現四次的反復之條件，但並不表示〈序卦傳〉的反復觀念不夠深刻，因為就上述所討論的〈序卦傳〉整體而言，傳本身就已含有循環復變的理路思維，而傳中所注意和關懷的是萬物變化的反復循環，即就是一個階段完盡，又有另一個新階段起而代之，對於窮極的部分是事物完成的終點所在，但是對於反復而始的新事物卻是起點。所以〈序卦傳〉所表明的正是物過滿而其勢必溢的事物發展之理，六十四卦雖有盡，然天地萬物的變化卻是無可窮盡。

玖、〈雜卦傳〉的反復往來思想

〈雜卦傳〉中，明確提到反復往來的文字之例有三，一爲：

> 復，反也。

作者之意，在於言〈復卦〉的意涵爲反正復常，亦即卦辭所謂「反復其道」之意，當然，我們不可以忽視韓康伯所說的：「雜卦者，雜糅衆卦，錯綜其義，或以同相類，或以異相朋也。」的二二相耦之配，那麼作者之意，便有可能從體會〈剝卦〉的毀壞損蝕之極來說明陰盛極而陽復生的現象，因此說：「復，反也。」

另一個反復的例子是：

> 否泰，反其類也。

作者說〈復卦〉所代表的意義是反正復原，並未刻意提出〈剝卦〉是與之相反之卦（註一〇），而在〈否卦〉與〈泰卦〉之連繫中，直接以「反其類」來說明二者的性質類別是相反的。仔細推究，

〈雜卦傳〉的作者刻意提出否泰爲相反之卦，但卻未對卦本身的要義或特性加以說明或以簡要文字表示之（註一一），綜觀〈雜卦傳〉的解經方式，或直接解釋卦的名義（如：〈節〉，止也、〈蹇〉，難也。）、或多就人事經驗說明（如：〈屯〉，見而不失其居。）

只說性質是相反的卦意，僅出現在〈否〉、〈泰〉。（試想：以雜卦的二二相耦方式來看，那一組異類相應的卦不是「反其類也」？）這所代表的意義究竟爲何？

這樣的現象不易理解，但試著去探究其原因，〈雜卦傳〉僅以「反其類也」來串貫否泰，是否意味著〈雜卦傳〉的作者要顯明「否極泰來」的思想？如果是的話，那麼窮極而反的反復觀應該也是影響著〈說卦傳〉的寫作的。

另外，〈雜卦傳〉提到往來者有一例：

萃聚，而升不來也。

這段文字，歷來有二說。孔穎達以爲：「來，還也；方在上升，故不還也。」（註一二）使是說〈升卦〉有上升而不下來的現象，而升便是不降之意；另一說則爲高亨先生所說，認爲「升不來義不可通，余謂不字當在上句災字上。來當讀爲徠。」《廣雅．釋詁》：「徠，伸也。」故指〈升卦〉爲往上伸展前進之意。不論「來」或「不來」，這裡的解釋和反復並無直接關係，對於理解〈雜卦傳〉的循環思想並無貢獻。

就整個〈雜卦傳〉而言，循環思想是否是作者的重要觀念？抑或只是在講〈否〉、〈泰〉、〈剝〉、

〈復〉各卦時才簡略述及？我們可以看到《周易淺述》言：「〈雜卦〉但要取反對之義，反覆其卦，則吉凶禍福動靜剛柔皆相反也。」配合〈繫辭傳〉來看：〈繫辭傳〉云：「方以類聚，物以群分，吉凶生矣。」又言：「剛柔相推而生變化。」易的生生不息，可大可久就在於同類者相求而異類者相應的生成敷衍，事物由正面向反轉化，便是由正面的窮極，終頂而走向反面，成爲新的局勢，故〈繫辭下〉言：「易，窮則變、變則通、通則久。」這樣看來，〈雜卦傳〉的作者應該是有其反復的循環觀念的。而〈雜卦傳〉的作意，正和老子所說的「反其類也」相合，〈雜卦傳〉雖然是錯綜雜揉各卦，看似雜錯而無特別的思路發展，但卻也蘊涵著反復思想。

〈雜卦傳〉的物極必反觀念，實則亦反復循環的思想，用週期圖或可表達平面上的窮極而反和循環不已的現象：

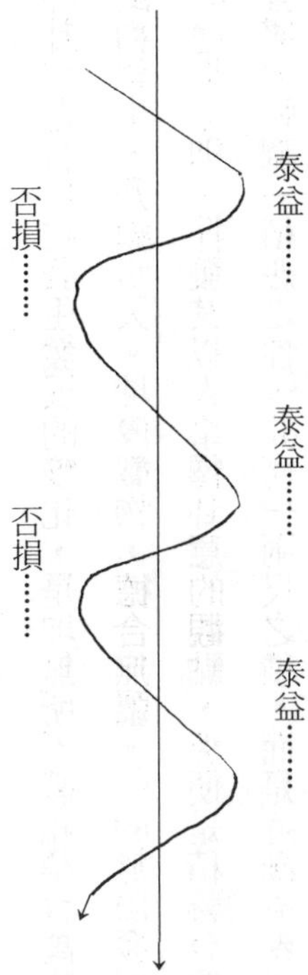

泰益……
否損……
泰益……
否損……
泰益……

拾、〈文言傳〉的反復往來思想

〈文言傳〉言往來反復，僅出現在〈坤文言〉的釋爻辭初六：

積善之家必有餘慶，積不善之家必有餘殃。臣弒其君，子弒其父，非一朝一夕之故，其所由來者漸矣。

〈坤卦〉含有事物發生發展的變化，是坤無所不載和孕育萬物的現象。〈彖傳〉以此引出「至哉坤元，萬物資生，乃順承天。坤厚載物，德合無疆。」的無限發展意，〈文言傳〉將此發揮了順承天意發展的應世原則，抒發其以人事釋卦意的觀點，那便是積善有慶而積惡有殃，強調君子之德性，同時〈文言傳〉強調「積惡之性」非僅一兩尺之積，而是逐漸凝聚成的。因此此處的「來」不具有反復循環意，而是表示逐漸形成，擴大之意。

就〈乾卦．文言〉與〈坤卦．文言〉來看，〈文言傳〉說明萬物生成所根據之道，但言乾道之不已的健動，不已的發創與坤道之無限的順承，無限的柔容，並言人以宇宙的客觀規律行事而與天相合，自有盛德大業，此爲主要觀念，但對於物極必反，盈不可久的觀念亦是存在。

〈文言傳〉釋〈乾〉、〈坤〉二卦，而〈乾卦．上九〉云：「亢龍有悔。」〈乾卦．文言〉云「亢龍有悔，窮之災也。」正是言事物發展到了「窮」的極點，就必須反向轉化，若不悔而反之，則將有災也。〈乾卦．文言〉又云：「亢之爲言也，知進而不知退，知存而不知亡，知得而不知喪。其唯聖人乎，知進退存亡而不失其正者，其唯聖人乎？」

同樣的，作者以爲高到極點的境界，如果只知道一味的擴充而不知收斂，只求得到不求付出，只知道存在而不失消亡，那麼終將有悔。而唯有聖人才能了解進退存亡的相互連繫，適當地把握它們之間互相轉化的關係，不失於正。這便是言物極必反，不能長久保持，若知道易「窮則變，變則通，通則久。」的道理，便能在極反之時復生日新之意。

拾壹、結　論

《易經》的反復往來思想，其實在經的部分就已經產生，〈復卦〉的「反復其道，七日來復。」正說明復是生生之機。故孫再生先生云：

> 復卦實在就是全部易理生機的所在，……復是復生後生生不已；無窮無盡，生生不已都必基於德。

世界上沒有永遠的平，也沒有永遠的陂，終極必復，往來循環，即大易哲學思想，《易經》將經文的思想加以發揮，更明確的說明與確立往復思想。

從《易經》的卦、經文到傳文，易的循環思想可做如下的歸納：

就易的經的部分：

1.表示事物的兩方面之「—」、「--」實際上便有相互轉換，互為循環的理則。

2.卦象自身以正中爲圓的中心，反轉則成爲另外的卦象，有轉化覆反之意。

3.經文的內容似乎隱合著六爻由下而上的順序，復由上爻反回初爻，如〈乾卦〉六爻，孤立來看，是個別事物的具體形象，但若加以組織構想，可以看出作者似乎設想一條龍由潛至亢的姿態，也似乎有人類行事由初始到發達，而又應有所惕，復反初始的意涵。即表現爲一級一級上升，發展到達最上一層不能繼續，折返又一新循環。

4.經文有圓周反復觀，但僅提出觀念而無詳細分析。

就易的傳的部分：

1.〈彖傳〉、〈象傳〉發揮反復思想較少，而多見於〈繫辭傳〉、〈說卦傳〉、〈序卦傳〉。

2.六十四卦其實應處在整體大循環中，爻既可陰陽變異，各卦間應可互爲溝通，這樣的觀念在〈繫辭傳〉的「窮則變，變則通，通則久。」表現得很明顯，而〈序卦傳〉的排列卦序，更將這種變異循環的思想充分顯現。

3.〈易傳〉強調循環是建立無限和永恆的觀念，而且是「天地之心」；並以平等對待的方式看待萬物。（此處的平等指的是所有萬物均在宇宙循環中變化，無一不變於其中。）

4.〈易傳〉認爲在反復運動的循環中，人必須養心修性，強調內省。

《易》之經文對世界的認識是取諸於經驗直覺，強調自然現象，而〈易傳〉的作者則加諸人倫教化的說法落實社會中，因此在傳的部分就具有較具體的說明，如言日月，四時是天行，而人事、君子也和否極泰來有密切關係。

由此看來《易經》中的循環觀強調在一結構的整體中，各局部間互爲因果，循環反復，因此，遇事而從事物內部尋找變化之因，不待外求只要修養心性，不爲禍福相擾，當有圓滿解決之道在其中，這或許是《易經》所說：「善易者不占」之道理吧！

【註釋】

註一　〈乾卦・大象〉：「天行健，君子以自強不息。」正是積極的人生態度，而自畫卦，重卦以至卦爻辭、易傳，都是智慧的累積。

註二　見高懷民，《大義哲學論》，頁一三五—一三六，民國七十七年七月再版。

註三　此處的統計，只是在提及反復往來的層面中考察，尚未進一步考量其涵義是否眞正具有反復循環觀。未提及的卦爲：〈師卦〉、〈謙卦〉、〈豫卦〉、〈臨卦〉、〈觀卦〉、〈噬嗑卦〉、〈頤卦〉、〈升卦〉、〈革卦〉、〈鼎卦〉、〈艮卦〉、〈旅卦〉、〈中孚卦〉、〈未濟卦〉等十四個卦。

註四　見劉長林，《中國智慧與系統思維》，頁六，臺灣商務印書館，民國八十一年十二月臺灣初版第一次發行。

註五　如李鏡池之言，見〈易傳思想的歷史發展〉一文，收錄於黃沛榮編，《易學論著選集》，頁二七二，長安出版社，民國七十七年元月再版。又如戴璉璋亦有此觀點，見《易傳之形成及其思想》一書，頁七六，文津出版社，民國七十八年六月臺灣初版。

註六　同註五，李氏之言。

註　七　見吳怡，《易經繫辭傳解義》，頁一七八，三民書局，民國八十二年八月再版。

註　八　見王夫之，《船山易學周易內傳》，卷五。

註　九　見孫再生，《周易原義新證釋》，〈說卦淺釋〉，頁四三四，正中書局，民國八十年十月臺初版第三次印行。

註一〇　〈復卦〉所言的「反」是與〈剝卦〉的「亂」相應之意，並非「相反」之意。

註一一　〈震〉起也；〈艮〉，止也；〈損〉〈益〉，盛衰之始也，都意有所指，唯〈否〉、〈泰〉之卦作者未申言其義。

註一二　見孔穎達，《周易正義》，頁一八九，十三經注疏本，藝文印書館。

參考書目

1. 孔穎達・《周易正義》・十三經注疏本・板橋市・藝文印書館。
2. 程頤・《易程傳》・臺北市・文津出版社・民國七十九年十月。
3. 高懷民・《大易哲學論》・再版・臺北市・民國七十七年七月。
4. 劉長林・《中國智慧與系統思維》・臺灣初版・臺北市・臺灣商務印書館・民國八十一年十二月。
5. 黃沛榮・《易學論著選集》・再版・臺北市・長安出版社・民國七十七年元月。

6.戴璉璋・《易傳之形成及其思想》・臺灣初版・臺北市・文津出版社・民國七十八年六月。
7.吳怡・《易經繫辭傳解義》・再版・臺北市・三民書局・民國八十二年八月。
8.王夫之・《船山易學周易內傳》・卷五。
9.孫再生・《周易原義新證釋》・初版第三次印行・臺北市・正中書局・民國八十年十月。
10.劉正・《周易通說講義》・初版・臺北市・千華出版公司・民國八十年六月一日。
11.孫再生・《周易學新論》・臺初版・臺北市・正中書局・民國八十一年十二月。
12.李煥明・《易經的生命哲學》・初版・臺北市・文津出版社・民國八十一年三月。
13.文經華・《易經的奧秘》・初版・臺北市・文津出版社・民國八十一年十二月。
14.李周龍・《易學窺餘》・初版二刷・臺北市・文津出版社・民國八十二年十二月。
15.林政華・《易學新探》・臺北市・文津出版社・民國七十六年五月。
16.高亨・《周易古經今注》・香港・中華書局。

仁者的生命觀照

——論孔子的淑世精神

壹、前言

王師靜芝云：「自漢之後，可謂無思想家。」（註一）根據這一個論點來看，中國的思想高峯，當在漢之前代，百家爭鳴的結果，固然對於生命與人性天道的探討各有見解，但實則影響深遠者僅二、三家而已。

古文化的社會變遷，一方面要有文字的發明、知識的累積與傳遞，一方面也要藉知識分子的了悟與反省，方能形成一股巨大的力量，變爲新的創發與突破。余英時先生認爲：在中國古思想中「哲學的突破」當以儒家爲最溫和。（註二）儒家能夠在歷史的演進過程中將傳統的價值觀賦予重生與建立，言道德、言政事、言人性自覺，因此余先生又曰：

（儒家）對構成人類處境之宇宙的本質，發生了一種理性的認知，而這種認知所達到的層次之高，則是從來都未曾有的。……對人類處境的本身及其基本意義有了新的解釋。（註三）

這種意義和解釋，使儒家成爲文化精神的自覺者與傳播者。由此之故，本文以儒家爲探究對象，以孔子爲探究重心，對儒家生命哲學與淑世精神試著剖析，以了解儒家所關懷的人性與世界。

貳、教與學

「天子失官，學在四夷。」（註四）春秋時代私學的興起，所造成的影響是知識的流佈，學風隨之盛行。作爲一個文化傳承者，孔子以「有教無類」爲前提（註五），對於這樣「誨人不倦」（註六）的學者來說，教育是他的最愛。在分崩離析的年代，亂臣賊子充斥於社會，風氣敗壞，唯有教育方能振衰，《禮記．學記》說：「君子欲化民成俗，其必由學乎！」而《孟子．滕文公》亦言：「設爲庠序學校以教之，……皆所以明人倫也。」正說明教與學的重要性。

孔子自言「學不厭而教不倦」（註七），正是成己成物的精神，教學相長可修己亦可治人。就儒家的教化人格來說，成爲「君子儒」（註八）是最大宗旨，博於見文，謹於愼行，注重自己的修養，不以幹才爲恃，方可稱爲君子。因此孔子的「教」是以修養自我爲主，學識汲取爲次。孔門有四科四教之說，王應麟認爲：「四教以文爲先，自博而約；四科以文爲後，自本而末。」（註九）由此當知務本之學，實爲自身之躬行。

在「教」的方法上，史師次耘曾提出了孔子教人是「基於個性之講授」、「基於心情之教導」、「基於才力之講授」（註一〇）等方向。洞悉個性，故「求也退，故進之；由也兼人，故退之。」（註一二）注意才力之高下，故能不一其教，因材而施教，這正是孔子教育的方法。

在「學」的方面，熊十力先生云：「學是覺義，覺是工夫，即是本體。聖人始學至成聖，工夫一步深一步，便是本體逐漸顯現。」（註一二）學則可兼知與行，知而行爲重，且時習不已，則心與理相融，所得越多，既能明自身的本性，也能有所悟道。因此正是孔子所言「學而時習之」（註一三）而達到君子之境界。

孔子最稱道者，莫過顏回的好學，能好學而又不恥下問者，更是可貴。孔子曾經學到「終日不食，終夜不寢」（註一四）「發憤忘食，樂以忘憂」（註一五）正是爲學者的典範。王甦先生云：「美質易得，好學難求。……苟能好學，雖聖人可學而至；不能好學，雖美質亦不免爲鄉人。」（註一六）因此就儒家而言，「學」是戒惡成善、取益成德的過程，學而從師之道，有恆而貴專，可顯光輝於外，並能通倫類，循仁義，成爲卓然自立的君子之儒。荀子云：「君子博學而日參省乎己，則知明而行無過矣。」（註一七）可見行之於學，實可遷善改過。孔子進一步提出，若不學則有弊生焉，於是不學則光有仁、智、信、直、勇、剛之美，卻會失之於愚、蕩、賊、絞、亂、狂。（註一八）

儒家教育以造就人格爲宗旨，師者言而有物、誘而有法；學者勤奮多思、會通悟理，共成和諧的教育與學習者的互動關係。學以成己，教以成人；學以善本，教以淑世，從《論語》、《禮記》等儒家經典中，吾人所見孔子的身教言教、造就弟子與弟子們的求教問學、觸類旁通，正是教與學的形象，就在教與學的歷程中，吾人深刻了解到儒家講教育思想，是圓融共通的，教亦是學，學亦爲教，適材而因人各異，行事或進或退，損有餘而補不足，方能帶動人格健全的發展。

叁、仁與愛

孔子言人，以「仁者人也」（註一九）為基本意義（註二〇）將政治社會上所謂君子小人的地位之分別轉換成道德品格上的分別，於是孔子所謂的君子儒便是「倫理人」（註二一）。孟子言人，視人有精神生命的大體，也有生理狀態的小體。人之所以和禽獸不同，在於人是可識大體的，故而認為能擴充善心、養存其氣，便能成就完善的人格。（註二二）

「己欲立而立人，己欲達而達人。」（註二三）人心自然而仁，仁可統攝諸德，也是德性的原則，而「仁遠乎哉？我欲仁，斯仁至矣。」（註二四）也暗示了德仁的根源在於人的本身，自覺的活動擴而為外，發而為本性澈透，則成為仁的境界，這種立己立人、達己達人者，正是至誠常仁，以天地為心的表現。

在儒家而言，仁的行為懷己懷人，不僅是體現自身生命的淨化清明，也是觀照淑世的方針。孔子云：「老者安之，少者懷之，朋友信之。」（註二五）是仁心的發揚與感通，是體仁而安仁；孟子的「老吾老以及人之老，幼吾幼以及人之幼。」則是推己及人，自愛而後愛他人，雖然境界稍有不同，但卻有天下歸仁同為澤被的境界。

羅光先生嘗云：「贊天地之化育，為儒家人生觀的最高目標。……推愛自己和愛親人的心而愛別人的親人，這是所謂泛愛。……人在生命上，和宇宙萬物的生命相連；人的愛，便推廣到萬物。」（註二六）推己至仁之心以愛人正是社會止於至善的原動力。愛己，而所以爲立仁之體；愛人，則是達人之用，王陽明說：

明明德必在於親民，而親民乃所以明其明德也。是故親吾之父，以及人之父，以及天下人之父，而後吾之仁，實與吾之父，人之父，與天下人之父而爲一體矣。（註二七）

因此「仁」是生命主體中可共通共融的，人類基於仁而推之於至親，推之於他人，甚至推之於萬物，正是呈現了「仁」的本質——「愛」。於是孟子說「仁者愛人。」（註二八）荀子說「仁，愛也。」（註二九）而張載言「民吾同胞，物吾與也」與王陽明言天地萬物一體，都是發揮儒家的仁愛精神。

唐端正先生云：「生命的同情共感原則上並無限際，故仁愛的生命，是一個無封閉、無限隔、無退墮、無厭倦的生命，是一個感通於外，與物無對，至誠無息，健行不已的生命。」（註三〇）仁是生命中眞實的存在，雖然無法由觸摸可及，然而卻是生命淨化後可知的情感。就自身而言，仁是人性中最高尙的情操，道德的標準，而將此推而廣佈，博施濟衆，正是實踐仁愛的表現。孔子說：「君子去仁，惡乎成名。君子無終食之間違仁，造次必於是，顚沛必於是。」（註三一）一個眞正行仁者，是不受時空限制的，也唯有在苦樂的不同場合遭遇中，固守仁道而不離者，才是眞正至誠靈明的生命本體。

肆、德化與安民

老子云：「民之饑，以其上食稅之多。」（註三一）《左傳》也記載了季孫欲征田賦之事：「季孫欲以田賦，使冉有訪於仲尼。……仲尼不對，而私於冉有曰：『君子之行也，度於禮，施舉其厚，事舉其中，斂從其薄。』……弗聽，……用田賦。」重賦政策、擾民亂政，徒讓民心盡失，故《詩經‧碩鼠》言：「無食我黍（麥、苗），……莫我肯顧（德、勞），逝將去女，適彼樂土（國、郊）」正是充溢著對剝削者怨恨和憤怒的情緒，因此，爲政者必須以德治化民，故孔子說：「子爲政（此處之子指季康子），焉用殺（註三三）？……君子之德風，小人之德草，草上之風必偃。」從這裏可以看出德治之君子以執國柄，如同風行草偃一般，德澤恩被於人民，進而形成上之所好者下必甚焉的情境：

上好禮，則民莫敢不敬；上好義，則民莫敢不服；上好信，則民莫敢不用情。（註三四）

身爲領導者，必須以身作則，以人格道德的完善來化育人民、引領人民，是故自身必須要「正」，「子帥以正，孰敢不正？」（註三五）「其身正，不令而行；其身不正，雖令不從。」（註三六）以德育民、以正理邦，守道而天下治，而又能舉賢才、正名分，方能使民安而樂。

修己之行以安人、修己之行以安百姓，是眞正儒者的懷抱，「爲政以德，譬如北辰；居其所而衆星拱之。」（註三七）這正是儒家的政治理想，治國必以「德」以「正」，才可使近人愉悅而遠人來歸。（註三八）如果徒有嚴法苛令，便無法使民生安樂，心悅誠服了。

在以德安民中，「禮」也是使人潛移默化的要素，《禮記．經解》說：「禮之教化也微，其止邪也於無形，使人日徙善遠罪而不自知也。」孔子亦說「道之以德，齊之以禮。」（註三九）也正是說明了以德而用禮正是爲政者對於社會教化所不可缺少的，故荀子說：「道德純備，智慧甚明。」（註四〇）最高的領導者兼備政治之才與道德修養，並以禮教施仁政，則國可長治久安。

在儒家觀念裏，由小康而進大同，正是德化而安民的終極理想，《禮記．禮運》的大同思想，是一個民有、民治、民享的大同世界藍圖。小康固然有「禮義以爲紀，以正君臣，以篤父子」然「以功在己，故謀用是作，而兵由此起。」（註四一）小康爲私天下，雖繫於禮義，然絕之以權謀刑用，大同則不然，大同講仁、言倫理，促資社會的安和、人民向善而有厚情，故可「謀閉而不興，盜竊亂賊而不作」天下太平。

「一人有慶、兆民賴之。」（註四二）孔子的政治理想重在人，君主之善政而萬民受惠，行己若恭、事上亦敬、以惠養民、以義使民，便可以興邦安國。進而往大同理想前行，王陽明說：「視天下猶一家，中國猶一人焉。」正是公天下思想。（註四三）由德化而安民而大同，政尚賢能，彼此互信，人人平等，正是儒家的淑世精神。

伍、天道與人道

王師靜芝云：「道即是大自然的逆轉。」宇宙轉變的現象化育成萬物，故有天而風霜雨露、日月照臨的現象成之；有地而川河山嶽、土壤丘壑孕生。在《論語・陽貨篇》提到：「天何言哉！四時行焉，百物生焉，天何言哉。」孔穎達正義以爲「天何嘗有言語哉，而四時之令遞行焉，百物皆依時而生焉。」（註四四）大自然的運轉，雖使時空產生不同變動因素，但萬物卻可各安其所，各遂其生，於是就儒家立場來看，天是偉大的、自然的，而且具有權威性。

雖然〈顏淵篇〉提到：「死生有命，富貴在天。」然而並不能就此認定儒家屬於命定論，只是人世間有很多事是可以掌握的，但也有些事無法把持。在人類的主觀行動之外，宇宙客觀的條件便是天命了，因此在自身無法掌控的事件中，只能盡人事而聽天命，這只能說在人的行事之上，包含了人爲與天賦予的成分在內。

儒者既非命定論，然卻希望人類要「法天」。《易繫辭》云：「天生神物，聖人則之；天地變化，聖人效之。」王師靜芝也說「儒家說天是有知覺、有力量的，可以懲惡揚善，雖然並非眞實，卻是善意的。」因此儒家之所以要人法天，是在歷史的過程中體會到天命是無常的（註四五），既是無常，那麼天地的善惡施之於人，便是著眼於人的行善爲惡，是故加強自己的修養敬誠之心，才會使天降善命，而人類便是由法天之中，形成小心行事，兢兢業業的精神，事事反求諸己，因此天道和人道已然不是一條鴻溝，而是合一了。《中庸》亦言：「天命之謂性，率性之謂道，修道之謂教。」由天道以至率性、修教，正是天道與人性的連繫，因此《易經》提到有修行者（聖人）觀察宇宙變化之道，而以卦象爻辭表達，作爲理治安國的原則，於是聖人和天地合德，以陰陽四時變序相配，故「極天下之動者存乎辭，化而裁之存乎變，推而行之存乎道，神而明之存乎人。」（註四六）聖人與天地相感而知其變，以天地之理而治民化民，故能與天地合其德。

《易經》又說：「天地之大德曰生。」生生不息，精進不已，正是充滿創造活力的生生之機，於是儒家便以這種精進而生生的德行與大人內在的精神領域相通，形成人文精神，也就是說，儒家的實踐者內在的涵養修德是秉承上天所賦予的生生之德，這便是「通天地人之謂儒」的根本精神。

王師靜芝云：「儒家的人道是將天道直接用於人道，直接用於人類，而實踐具體者。」是故吾人可知，儒家言天，固然有形上的天，以物質解之，但更重要的是儒家將天的解釋放在更高的精神領域——一種象徵義理、生生不息的精神天。人類在天地間的形成固然由天而生，但若能以人心上通天心，而以仁心悲憫萬物，尊重自然，和諧共榮，正是儒家言人道與天道精神合一的目標。

馮滬祥先生曾引愛因斯坦的話說：

人類只是整體宇宙的一部分，然而人們卻將其思想與感覺自外其他部分，……（人類）在於突破這種拘禁，擴大悲憫胸襟，從而懷抱大自然，關懷一切萬物。（註四七）

由此觀之，孔子之謂「仁」，實是天人相合的最重要因素，而孟子所說的浩然之氣「君子所過者化，所存者神，上下與天地同其流。」也正是天人感應，貫融衆生的氣象精神，因此儒家的天道，實亦是人道，而談人道的問題亦不離天道。

陸、結論

儒家重天重人，而其最要者在肯定宇宙萬物之間是彼此相關，互相融通的。於是民胞物與的胸懷便是社會和諧的原動力。因此，不論是領導駕馭者或是一般的民衆，都必須修養自身，而學習與教導正是最基本的提昇修德方法。能在學習與教導的互動中修養自身，則內心不僅有知識的累積，更有理解後的圓融思想，便可以尊重生命的思想對待宇宙，發揮仁愛淑世的高尚情操。

各人的修養可成己亦可成物，而在上位者的身言更是衆人的表率，是故恢宏的氣度，仁民愛物的胸襟表現，正可以德而安民，創造和諧寧靜的大千世界。

因此，孔子和儒家所說的淑世精神和生命哲學，正是涵養天地生萬物的仁心，這是人文精神、生命關懷，也可以說是慈悲心。所以善養仁心者，便能視宇宙生靈爲親，以人心達天心，發揚人性光輝，與天地合德。

【註釋】

註一　見民國八十二年九月二十日課堂筆記。

註二　見余英時先生，〈古代知識階層的興起與發展〉．收錄於《中國知識階層史論》，頁三四。

註三　同註二，頁三二。

註　四　見《左傳．昭公十七年》引孔子之語。

註　五　見《論語．衛靈公篇》。

註　六　見《論語．述而篇》。

註　七　見《孟子．公孫丑上》。

註　八　見《論語．雍也篇》。

註　九　見《困學記聞》，卷七，萬有文庫薈要。

註一〇　見史師次耘，〈孔子的教育思想〉一文，收錄於《輔仁學誌．文學院之部》，第十七期。

註一一　見《論語．公冶長篇》。

註一二　見《讀經示要》，卷二。

註一三　見《論語．學而篇》。

註一四　同註五。

註一五　同註六。

註一六　見〈孔子之淑世精神〉一文，收錄於《孔孟學報》，第四十期。

註一七　見《荀子．勸學篇》。

註一八　見《論語．陽貨篇》。

註一九　見《中庸》，第二十章，哀公問政。

註二〇　孔子言仁，於論語中有七十九次，若復加非孔子所言者，凡一〇九次。故「仁」可謂孔子之學的中心思想。

註二一　見潘小慧，〈德行與原則——孔孟荀儒家道德哲學基型之研究〉，收錄於《文化的傳承與發展學術研討會》之論文集，頁七十七。

註二二　參考註二一。

註二三　同註八。

註二四　同註六。

註二五　同註一一。

註二六　見羅光，《中國哲學論文集》，〈儒家的生命哲學〉，頁四十四。

註二七　見王陽明，《王陽明全集・大學問》。

註二八　見《孟子・離婁下》。

註二九　見《荀子・大略篇》。

註三〇　見唐端正，〈孔子仁教之探討〉，收錄於《先秦諸子論叢》，頁一七。

註三一　見《論語・里仁篇》。

註三二　見《老子・道德注》，第七十五章。

註三三　此處雖是孔子答季康子之問，然實則正是孔子對為政者必須以德化民的主張。見《論語・顏淵篇》。

註三四　見《論語・子路篇》。
註三五　同註三三。
註三六　同註三四。
註三七　見《論語・爲政篇》。
註三八　同註三四。
註三九　同註三七。
註四〇　見《荀子・君道篇》。
註四一　見《禮記・禮運篇》。
註四二　與〈子路篇〉所云：「善人爲邦」意同。
註四三　同註二七。
註四四　見十三經注疏本《論語》，頁一五七。
註四五　如《詩經・大雅・文王》言：「天命靡常」。
註四六　見《易經・繫辭上・十二章》。
註四七　轉引自馮滬祥，《天人合一》，頁四。

參考書目

1.孔子仁教之探討　唐端正　東大圖書公司

2.孔子的教育思想　史師次耘　輔仁學誌第十七期

3.從論語看孔子的政治觀　史師次耘　輔仁學誌第二十期

4.經學通論　王師靜芝　環球書局

5.德行與原則——孔孟荀儒家道德哲學的基型研究　潘小慧

6.儒家的生命哲學　羅光　中國哲學論文集

7.孔孟文學觀中道德反省及其意義　林啓屏　師大碩士論文

8.儒家之人生哲學　陳立夫　道統第一期

9.孔子之淑世精神　王甦　孔孟學報第四十期

10.論史記人物：至聖孔子　李師毓善　輔仁國文學報第四期

老子非至人嗎？

——試談〈養生主〉中秦佚之語引發的問題

壹、前言

《史記・老莊申韓列傳》記載：

莊子者，……其學無所不闚，然其要本歸於老子之言，故其著書十餘萬言，大抵率寓言也。（註一）

司馬遷之言，以為莊子的研究理論根源是屬於老子的系統，並且說其文章的作法大體都用寓言來表現。這段話最受重視的有二：

㈠莊子之本，是否歸於老子的系統？

㈡莊子寓言人物的眞實性或虛構性如何？

第一個問題一直有頗多爭論，但老莊之言道與萬物，言生死自然之理的觀點的確是相通的，以筆者之見，認為莊子之故事中既然有以老子做為事件的人物，或可說明莊子當不會早於老子，且其言語中亦多有與老子相似處（註二），可見多少有關聯。其次，談到寓言問題。不僅司馬遷曾說莊子多寓言，在《莊子・天下》篇亦言：「以卮言爲曼衍、以重言爲眞、以寓言爲廣。」〈寓言篇〉也說：「寓言十九，重言十七，卮言日出。」可見寓言是莊子文章的重要部分。將莊子寓言故事的人物與歷史事件對照，不同時代的人物卻能在同一事件中出現，可見這些寓言故事有莊子憑空杜撰、無中生有的成份在其中。

也就因爲如此，莊子寓言寫神仙鬼物，人類精怪，所建構的故事眞實性就不可謂高了，換句話說，如果從莊子的描述人物、事件，去考證其眞實性，是不易得到結果的。話雖如此，但莊子所述的古代人物和事件，卻似乎又受到莊子本身思考的判斷理解所影響，例如：

> 湯武爭而王。〈秋水〉
>
> 湯之時，七年八旱。〈秋水〉
>
> 湯武立爲天子，而後世絕滅。〈盜跖〉
>
> 湯武以來，皆亂人之徒也。〈盜跖〉

在儒家看來，仁義善行是値得推崇的，因此以爲湯武伐紂，是仁義之師，可是莊子卻不以爲然，認爲他是「以利惑其眞而強反其情性，其行乃甚可羞也。」（註三）將湯武說成是因受到利的誘惑而迷失了本身的眞性。又如莊子之提到孔子，或有褒貶，但多有孔子尚不足稱爲至人之論，如〈德充符〉記載叔山無趾見仲尼之事而說「孔丘之於至人其未邪？」除此之外，〈大宗師〉云：

孔子曰：「彼遊雲之外者也，而丘遊方之內者也。……丘則陋矣。」

又如〈田子方〉云：

丘之於道也，其猶醯雞與，微夫子（按：指老子）之發吾覆也，吾不知天地之大全也。

〈天地〉云：

孔丘之徒也……方將忘汝神氣，墮汝形骸……

由此觀之，大概可以得知莊子是以超越人間世的眼光來建構其寓言人物，一般人認爲去惡興邦、言仁守義是爲善人、有德之人，但莊子卻不如此認爲，莊子心中自有一把尺來衡量人物，不管是眞實的事件或是虛構故事，莊子或多或少都寄託了他的思維想法，也就是說，在莊子的寓言人物之故事中，莊子對於每個人的本性是看得很透澈的，也因此對於同一個人的不同事件，當不至於有互相矛盾的評價（註四）。就這樣一個前提來看老子，或許有助於對〈養生主〉的「老聃死，秦佚弔之。」之段的理解。

貳、文意之理解

〈養生主〉云：

老聃死，秦佚弔之，三號而出。弟子曰：「非夫子之友邪？」曰：「然。」「然則弔焉若此，可乎？」曰：「然，始也，吾以爲其人也，而今非也。向吾入而弔焉，有老者哭之，如哭其子；少

老子非至人嗎？

者哭之，如哭其母。彼其所以會之，必有不蘄言而言，不蘄哭而哭者。是遁天倍情，忘其所受，古者謂之遁天之刑。適來，夫子時也；適去，夫子順也。安時而處順，哀樂不能入也，古者謂是帝之縣解。」

對於這段寓言故事，或可將之整理歸納成兩組解釋來說明：

原　文	1.言老子非至人者	2.言老子爲至人者
吾以爲其人也	其人是指至人之意，或言其人當作至人	其人是指世俗一般的「人」，其爲指稱之詞，特指「人」
彼其所以會之	指老子與衆哭者之情的會聚，強調老子與哭者之間的關係	指老少彼者相會聚言而哭之事，言哭者同哭老子的行爲
是遯天倍情	指老子，或指哭者	指老少之哭者
	如：文如海、王夫之、王先謙……持此說	如成玄英、劉武、高柏園……持此說

就第一組的說解來看，認爲秦佚原本以爲老子是至人，但卻因爲老子使老少哭之，傷痛之深爲不蘄而至者，因此是遁天倍情，也就是「爲善近名」而不能入於道者，如王夫之云：

老聃所以死而不能解其懸者，亦未能無厚而近名也。名者，衆之所會，不遊其間而入其會，則

> 雖不蘄言而必有言，不蘄哭而必有哭之者矣。……一受其懸，雖死而猶縈繫不已，……以哀召哀……（註五）

「安時而處順，哀樂不能入也。」老子因爲與哭者之「情」相會聚，忘其所受於天者，而用私情背天而行，使哀樂情感入於胸中，所以老子在秦佚的眼中不過是和老者少者一般哭者相同罷了，何能說是眞人？

文如海認爲其人當爲至人之誤，所以整句就變成「始也，吾以爲至人也，而今非也。」那麼就正好否定了老子是至人的說法，奚侗亦曰：

> 當從文（按：指文如海本）本作至。下文遁天倍情，即以爲非至人也。

諸家說法認爲秦佚所謂遯天倍情者是指老子與哭者，非單言哭者，而是認爲老子亦以名爲要，以名納天下於樊中，故未入至人之列。

第二組說法則認爲老子是得道之士，如成玄英云：

> 老君大聖，冥一死生，豈復逃遁天刑，馳鶩憂樂？……遁天之刑，屬在哀慟之徒，非關老君也。（註六）

又如馬敘倫云：

> 傷死當慟，失（佚）僅三號，弟子怪其哀戚未至，故見責以非友。失（佚）答乃謂始以老君亦猶夫人，則當致戚，今見老君非人而天，故隨順俗情，三號而已。下文向者至古者謂之遁天之

> 刑，乃斥其他哭者，亦不定斥弟子，其人也與上章其人與辭例相如，其猶殆也。文本作至，或因上文郭注至人無情而妄改也。（註七）

意爲：老子在秦佚看來已非是「人」——也就是說老子已經超出凡人的世界，與天物化，歸於自然，故有馬敍倫所謂「非人而天」的說法。

就兩種說法來看，各有其道理，筆者以爲：秦佚之三號，言老子「而今非也」可能是視老子爲得道之士。首先這段文字的原本作「其人也」，文如海等改爲至人之說雖有其理，但初本作「其人」，而文氏改爲「至人」，則文意驟然相反，那麼更改之後的說法就有商榷的餘地，同時在《莊子》書中，亦不乏「其人」的字眼，再者，我們可以將兩句並置而看：

> 始也，吾以爲其人也。——A
>
> 始也，吾以爲至人也。——B

在A句中「吾以爲」緊接著指稱之詞再接以「人」，在B句中「吾以爲」即接「至人」：

> 吾＋以爲＋其＋人＋也。——A
>
> 吾＋以爲＋至人＋也。——B

在A中「其」是「以爲」和「人」之間的媒介，以「其」表示「人」的狀態，但是在B中，「以爲」就接之以「至人」，似乎缺少「至人」究竟是指誰的說明。那麼或許可以說：如果句子是「始也，吾以爲老子至人也。」或「始也，吾以爲其至人也。」則文句是道順且明晰的，但事實並非如此，因此以原本作「其人」解，似乎是較合理的說法。而秦佚既有此言，必有分老子與「人」的不同之處，既然老子與一般人有不同，則老子似應是較高境界者才是。

再看下文言「彼其所以會之」，此處的「彼」有二說：

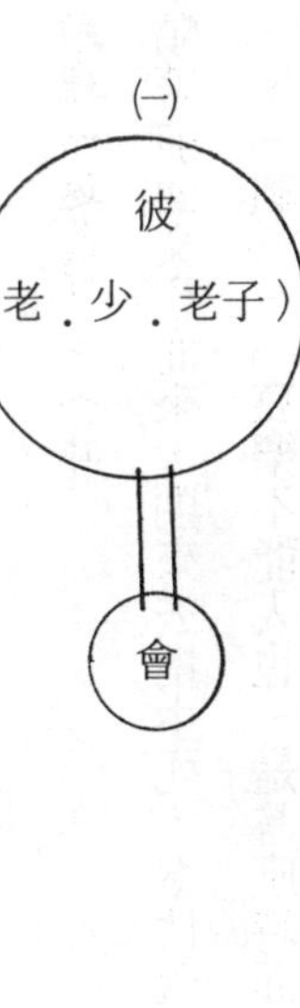

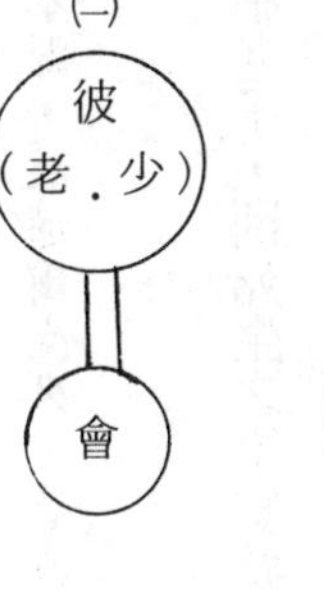

在㈠說中，「彼」即老、少哭者，而老子使老、少哭者動情，所以老子和衆人哭者之「會」，則可顯示老子與平凡人相同，未達至人之境；而在㈡說中，「彼」可指老者和少者的合稱而不包括老子，那便說明「彼」是一般人心均以死爲悲，因而有「遁天倍情」的表現，所以「會」是指平凡人面對死亡之態度相同而不包括老子。

接著要注意的是「夫子」之指爲何？在這段寓言故事中提到：

弟子曰：「非夫子之友邪？」

弟子、夫子所指爲何，下列四種說法似乎均能成立：

㈠弟子（秦佚）——夫子（老子）

㈡弟子（秦佚）——夫子（秦佚）

㈢弟子（老子）——夫子（老子）

㈣弟子（老子）——夫子（秦佚）

但較有可能的，當是㈡與㈢的狀況，因爲弟子稱其師爲「夫子」是較合理的。再者，文句中提到：「三號而出」，可見秦佚已步出弔祭場所，而按照禮儀，老子弟子爲答禮者，不應於外，因此以㈡的說法最恰當。那麼文中第二次出現的「夫子」究竟指誰？筆者以爲很明顯的是指老子，雖然仍有人認爲此處的夫子不一定指老子，但將夫子解釋爲老子的說法應是較合理的：

夫子者，是老君也。秦失歎老君大聖，妙達本源，故適爾生來，皆應時而降誕；蕭然死去，亦順理而返眞耳。（註八）

這段話順著前面文意而來，則來去指生死，秦佚既弔老子，則死生之事當就老子之事而發，故秦佚之言「時」、「順」、「哀樂不能入也」是言應時而誕生，順時而返眞，將生死置於度外，哀樂之情自然不入於胸中，當是稱揚之詞，同時以「帝之縣解」與「遁天之刑」相對照，正是顯出老子與一般人之差異，故劉武云：

是帝之縣解，非同夫世俗人之死也，此秦失所以號而不哭。（註九）

可見得秦佚當視老子爲得道者。若再與此事件之前次的「夫子」相看，「夫子」解爲「老子」雖亦可通，但卻無特別的意義顯現，若解爲「秦佚」，則可發現：既然「秦佚」可稱「夫子」，老子亦可稱「夫子」，那麼秦佚更不可能將老子視爲非至人也，因爲夫子既然是一種尊稱，秦佚若不視老子爲至人，理當不會以夫子稱老子，因此筆者以爲秦佚之論，當無非貶老子之意。

叄、《莊子》對老子評價探討

在文意分析方面，秦佚當視老子爲得道之人，此部分探究《莊子》一書中論及老子及對老子的評價、看法。

〈德充符〉云：

無趾語老聃曰：「孔丘之於至人，其未邪？……不知至人之以是爲己桎梏邪？」老聃曰：「胡不直使彼以死生爲一條，以可不可爲一貫者，解其桎梏？」……

這段敘述言無趾見仲尼之事，就境界而言，無趾高於仲尼，那麼無趾與老子談論孔子之事，當是表現無趾與老子的層次高於孔子，同時老子云死生相同，可不可非異的道理，應是合於秦佚所說帝之縣解之理。

再如〈應帝王〉云：

陽子居見老聃曰：「……」老聃曰：「是於聖人也，胥易技係，勞形怵心者也，……明王之治，功蓋天下，而似不自己，化貸萬物而民弗恃，有莫舉名，使物自喜，立乎不測，而遊於無有者也。」

萬物自得而自己立乎神不可測之地位，遊於虛無的境界中，是超乎人生俗世的逍遙遊，不僅是老子的想法，也是莊子的人生觀。老子之意與莊子既相通，莊子當不至於在〈養生主〉中安排秦佚非議老子的寓言故事。

〈在宥〉云：

崔瞿問於老聃。……老聃曰：「汝愼無攖人心，……而儒墨乃始離歧攘臂乎桎梏之間，……」

老子不希望人「上下囚殺」、「喜怒相疑」而自累自苦。老子既知勿傷人心，勿加諸桎梏，己當不至於爲情，爲生死所擾，又何來違反自然、背離眞理爲死生哀樂情感所困擾之說？

〈天地〉云：

老聃曰：「其動，止也；其死，生也。……忘己之人，是之謂入於天。」

治事順性，聽任自然，忘己之人，與自然冥合，當可見老子與一般人之不同，認爲死生存亡是自然而然的，當不會有遯天倍情之意。

〈天道〉云：

老子曰：「天道，於大不終，於小不遺，故萬物備。廣廣乎其無不容也，淵乎其不可測也。形德仁義，神之末也，非至人孰能定之。……至人之心有所定矣。」

忘懷萬物，精神不受困擾，冥合大道是至人之心，如果秦佚言老子非至德之人，莊子似乎不應安排這段言「至人」之語由老子說出。

〈天運〉篇記載孔子見老聃語仁義的故事，並言造化冥合之事，可是在莊子的安排下，老子的自然化生之說是高明於孔子的治六經、行仁義的。

〈田子方〉云：

老聃曰：「夫水之於汋也，無爲而才自然矣。至人之於德也，不修而物不能離焉，若天之自高，地之自厚，日月之自明，夫何修焉？」

「行小變而不失其大常也，喜怒哀樂不入於胸次，……得其所一而同焉，則四支百體將爲塵垢，而死生終始將爲晝夜而莫之能滑……」既然死生終始，禍福得失不能擾亂人的胸次，那麼老子本身既有如此看法，則秦佚不會言老子始爲至人而今非也。

〈知北遊〉記載孔子問老聃至道之事，〈庚桑楚〉、〈則陽〉、〈寓言〉篇也有南榮受老子之教，柏矩學於老子、陽子居請問老子之事，可見在莊子筆下的老子常是世俗所謂聖賢智士之師，解答困惑之人。

再如〈天下〉篇云：

關尹老聃，古之博大眞人哉！

「不離於眞，謂之至人。」（註一〇）《莊子．天下篇》之語，對於老子有極高度之評價，稱之爲博大眞人。

綜合上述，在《莊子》一書中，提到老子的篇章（次數）不可謂少，而書中所記載（或建構）的故事或爲有名人士問於老子，老子以自然之道應對之；或表現老子的思維理路。而值得注意的是書中所出現的老子，始終是居於「正面」（引導人走向自然，不傷自性，追求眞理）的地位，也就是說，如果要考察莊子對於人物的褒貶評價，並未有對老子貶抑之辭的敘述記載存在著，甚至老子還常常是莊子思想的傳話者，莊子利用老子作爲代言人傳播他的物化、自然觀。由此觀之，莊子書中的老子均未損老子的地位，當不至於在內篇的〈養生主〉中藉著秦佚來發出老子非至人的言論。

肆、結論

〈養生主〉云：

> 爲善無近名，爲惡無近刑，緣督以爲經。

高柏園先生云：

> 老聃不必即爲名而爲善者也。蓋老聃本無心也，而眾人則以善名之，以譽稱之，是而痛其喪，則此非蘄而至者，豈非造化之天刑？而老聃解此天刑之縣者，即在其安時處順，怡然受之，則弔者之遁天倍情所可有之刑，即在此順受中得解。此老聃不僅解自身哀樂之刑，又解善名所加之刑，斯之謂「帝之縣解」，……則遁天倍情，自是描述弔者，而「夫子」則在憂老聃者也。……則「爲惡無近刑」亦可相應此義解之。（註一一）

誠然在莊子的世界裏，物化、心齋、坐忘、至人無己、神人無功、聖人無名是他最重要的思想見解，而死生只不過是大自然生成毀滅的造化流行，是故生亦無所喜，死亦無所哀，若為生死所束縛者，就是為天刑所桎梏，唯有安於時，處於順，使哀樂不動於心，除去我執之成見，方能合於天地之大化。

以這樣的觀點來看「老聃死，秦佚弔之」之段，當可更明白所謂「始也，吾以為其人也，而今非也。」應該不是損抑老子之言，而是視老子的智慧層次是高於眾生的。這段故事的議論之發，是在①老聃死→②秦佚弔之→③三號而出之後方才表現，可見莊子之意，在顯「生死」，在突出秦佚的「三號」。秦佚的三號對於「死」之弔祭是與眾不同的，而其弔的是「老子」而非一般人。也就是因為秦佚知道老子非同於世俗之人，已經入於天了，因此才有「適來，夫子時也；適去，夫子順也。」的言論。莊子要強調的是眾人見老聃之死，因而以情，以哭來表現他們的哀痛，殊不知這樣反而落入了我執固見的天刑之中，唯有消除形體軀殼的拘限，用安時處順的超脫心境來面對世界，才是縣解的境界所在。

【註釋】

註一 見司馬遷，《史記》，頁八五九，七略出版社，臺北市，民國七十四年九月初版。

註二 如老子言「復命曰常」莊子言「天下有常然」；老子言「我無為而民自化」；莊子言「無功名而治」均是。

註三 見《莊子》，〈盜跖〉。

註　四　此處是以大體而言，亦有例外，如〈盜跖〉言黃帝有「涿鹿之野，流血百里」而不能致全德，但〈山木〉、〈知北遊〉卻言其「物物而不物於物」，「無思無慮始知道，無處無服始安道，無從無道始得道。」的無為自化思想。

註　五　見王夫之，《莊子解》，卷三，頁三，臺北市，廣文書局，民國六十一年。

註　六　見郭慶藩輯，《莊子集釋》，頁一三〇，臺北市，河洛出版社，民國六十九年。

註　七　見馬敘倫，《莊子義證》，頁一一二，臺北市，弘道文化事業有限公司，民國五十九年十月初版。

註　八　同註六。

註　九　見劉武，《莊子集解內篇補正》，頁八三，臺北市，文津出版社，民國七十七年七月出版。

註一〇　同註七。

註一一　見高柏園，《莊子內七篇思想研究》，頁一二四，臺北市，文津出版社，民國八十一年四月初版。

老子思想中的「反者道之動」

——老子的圓道周流哲學

壹、前言

《易經．繫辭下》云：「日往則月來，月往則日來，日月相推而明生焉。寒往則暑來，暑往則寒來，寒暑相推而歲成焉。」用變的觀點來觀察生命，事事物物的新陳代謝都可說是動態的過程，那麼社會現象與一切人事和自然的初生、過程與消無，就是天地萬物隨著時空變化、發展改異的普遍規律。老子對於這樣的現象深有體認，認爲宇宙現象的一切均由道出，由道轉化，而又復歸於道，如此則道方能應用無窮，萬物亦能生生不已。老子思想中的復反於道，其實亦存有循環思想，「大曰逝，逝曰遠，遠曰反。」（第二十五章）、「反者，道之動。」（第四十章）說明了道是反復循環的運動，也就是說，道是大大小小的圓道所組成，這些圓環環相扣而周流無盡，在莊子來說，是「萬物皆種也，以不同形相禪，始卒若環，莫得其倫。」在老子來說，便是「周行而不殆。」：

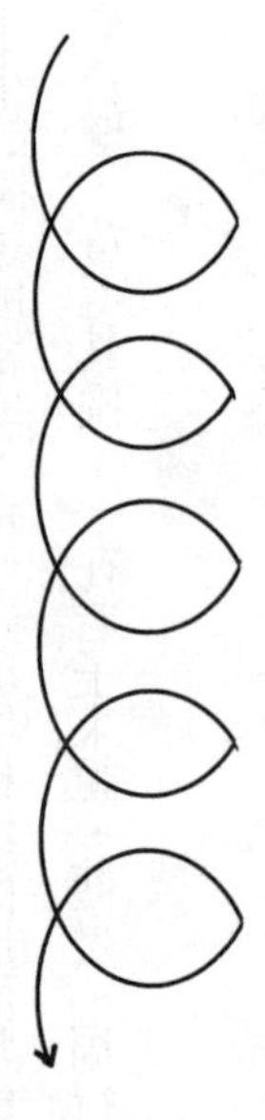

在先秦的思想中，反復循環觀便已被提出，《易經・泰卦・九三・爻辭》云：「無平不陂，無往不復。」言平久必有陂，往者必有復，物極必反，終極必異的現象；孔子亦言：「天何言哉？四時行焉，百物生焉。」（《論語・陽貨篇》）說明四季的運轉流變，化生萬物，四時循環沒有差忒，而人就在循環無失的天體中滋、息、衰、毀，而又起、落、得、失、復而再復，因此天是人行的準則，人文之理就在天道的循環運行中發展、滋息。而老子將這循環之道的變化加以說明，成爲其思想的重心，是故本文以老子的反復思想爲探究對象，以認識其對於宇宙事物發展之理的思維。

貳、道之動為反的作用

《老子》云：

> 有物混成，先天地生，寂兮寥兮，獨立而不改，周行而不殆，可以爲天下母。吾不知其名，字之曰道，強爲之名曰大。大曰逝，逝曰遠，遠曰反。（第二十五章）

道的本體超然於萬物，周流宇宙，生生不息。道是沒有止境的，然而亦非去而不返，而是永遠在周流大化中循環不已。如憨山注云：「流行四時，終古不窮，故日周行而不殆。」王弼云：「逝，行也，不守一大體而已。周行無所不至，故曰逝也。」老子以逝釋大，而又言逝不滯於一物，故有變化，有變化則能擴展到無極，正如《易經》的生生不已之意。生生是無窮盡的，但人世間的轉換卻是在反復與日歸中進行著，於是周而復始，又是新的循環。（名義上是復反原始，但實際上所反者已非是原點，而是永遠向前發展的新起點）錢穆先生云：「道是絕對的，又是循環的，宇宙一切都由道出。道是運行向前的，但它向前到某一限度會回歸的。」（註一一）道的運行是周行不已而又循環反復的圓圈運動，運動的結果會回復其根，即是：

夫物芸芸，各復歸其根。（第十六章）

參老子第四十二章所云：「道生一，一生二，二生三，三生萬物。」，第四十章云：「天下萬物生於有，有生於無。」當可明白老子的復歸於根正是宇宙的循環轉化，若轉換成圖示，則為：

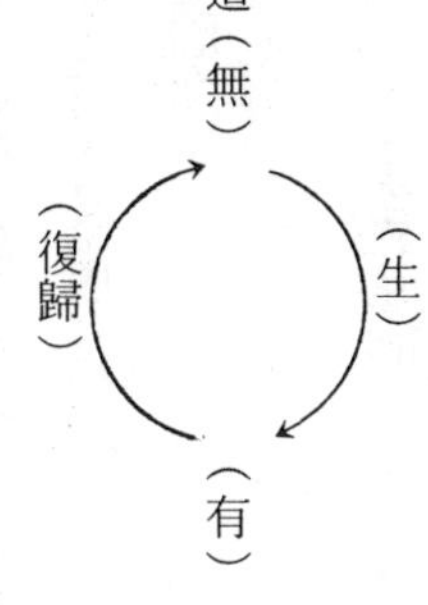

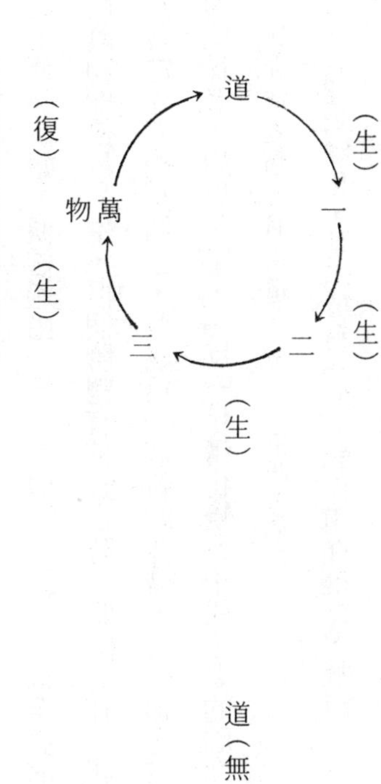

老子思想中的「反者道之動」

道由運動伊始，便透過由一至二，由二至三……以至於演化成萬物的過程表現其生生不已的活動力，而萬物即使是生生，但個體總有滅毀之時，當配合在一起的元素發展到了極致，就會散於無形，而又與其它元素相互結合，形成另一個新的運轉，故由道生有，又由有復歸於無，便是循環轉化的過程，因此在老子的思考中，「反」是轉化變易中最主要的觀念：

反者道之動，弱者道之用。（第四十章）

天地萬物的運動變化，是由於有「反」的作用在推行，故河上公《老子章句》云：「反，本也，本者，道之所以動，動生萬物。」老子說明道在現象界中的作用是反的作用，或是指空間上的不同位置，如高下；或指時間上造成的差異，如死生。以如此觀點來解釋，是說相互對立，卻又互相依存的反向轉化，是屬於物象和事理上的相反。實際上老子之言反，當可有另一層次之解釋，那便是「反」當復返、回返解，便是回歸本體之意，復命返樸，都是反之意，即是道之動也。

老子之言反，除了返本歸源，相反相成之外，亦含有物極必返的涵義，既然事物均在相反為動而又相依為用的情況下發展，那麼事物發展到極點，便會有反向的轉化。以下逐一說明。

叁、相反相成

老子說：

禍兮福之所倚，福兮禍之所伏，孰知其極？其無正。正復為奇，善復為妖。（第五十八章）

《孟子》云：「生於憂患，死於安樂。」（註二）禍福相生之關係微妙，福中有禍因，禍中有福因，如同《易經》之言剝極必復也，在剝之中即隱含有復的因子，故能一陽來復，禍福爲反，但卻是宇宙的變動轉化，又如第三十九章言：

是以賤爲本，高以下爲基。

又如第四十二章云：

物或損之而益，或益之而損。

都是說矛盾對立的兩方面各向其另一方轉化，互爲變異。宇宙正是在矛盾卻又對立相生相成之變化中生生不已。從第二章中更可看出老子對於物象的相對立而相生成的觀念是極爲深刻的：

有無相生，難易相成，長短相較，高下相傾，音聲相和，前後相隨。

如前所言，老子言道是具有規律性的，道的規律性對於事物發生作用，事物的變化即是反映這種規律，而「反」正是道運行的規則。事物向一方向發展，發展到了一定的階段，便往相反方向發展，而不論難易、長短、禍福，都是講對立轉化，既然對立是互爲轉化，那麼美惡、善不善，實際上便非是人主觀認定而可以驟下定論的：

天下皆知美之爲美，斯惡已；皆知善之爲善，斯不善已。（第二章）

信言不美，美言不信；善者不辯，辯者不善；知者不博，博者不知；聖人不積，既以爲人己愈有，既以與人己愈多。（第八十一章）

大道廢有仁義，智慧出有大僞，六親不和有孝慈，國家昏亂有忠臣。（第十八章）

老子從事物現象的反向轉生化育而提到人生政治的反面意義。道的作用爲反，如果不能把握反的意義，而向外求知，則只是一些片面的知識堆砌而已（註三）這些知識而成的智慧（非佛家之妙智慧。）是造成差別意識，構成高下貴賤分別的有欲之念，因此言「絕聖棄智」、「絕仁棄義」、「絕巧棄利」。（註四）

綜合言之，老子的相反相成概分爲二意義，其一爲對立的轉化。矛盾的關係促使事物在相反中產生，在相依中存在，也就是說相對的事物雖然互立，但卻也是互變的。其二以治理國事之事理變化，強調人爲因素操縱而產生相反的作用，認爲以智治國、重視外在的約束，將造成相反的結果。就這兩方面來看，均有相反相生，相生相成的意涵。

肆、復歸其根

老子認爲，世界是在不斷的對立轉化中生息滋長的。對立雖是永恆存有，但轉化卻是無止境的，也就是說，萬事之發展是不斷的由初↓發展↓極老↓復初↓發展……一次又一次返本復初的循環。（註五）因此老子說：

夫物芸芸，各復歸其根。歸根曰靜，靜曰復命。（第十六章）

老子說「萬物並作，吾以觀復。」《易注》言：「復，其見天地之心。」（註六）〈彖傳〉的解釋，言反復循環，只爲周期的卦辭之說，正是體現天道運動的迴環規律，在合於圓融之道中行事，有出歸往返，復歸其根之意。王弼云：「各返其所始也。」河上公注云：「萬物無不枯落，各復返其根而更生也。」從上述可知，老子之意與《易經・彖傳》的解釋是可以相提並論的，復歸其根，可見反回原處，出歸而返是一切生機之所在。老子又云：

獨立而不改，周行而不殆，……強字之曰道，強爲之名曰大。大曰逝，逝曰遠，遠曰反。（第二十五章）

事物的變化是循環往復的無窮發展過程，但變的結果，卻又復回其根。老子強調的是永遠的發展流變，是整個宇宙中不斷的大化變動，個體的消逝雖然是由有形變爲無形，即所謂由生變死，但最後卻又由此而日復到永遠發展的化生中，及於自然、回於道體。

老子又說：

知其雄，守其雌，爲天下谿；爲天下谿，常德不離，復歸於嬰兒。（第二十八章）

嬰兒所代表的是無知無欲的純樸境界，也是第五十二章所說的「復歸其明」。

由此可知，老子的反歸其根，或包含三層涵義，第一：是就現象界的事理發展而言，也是一種循環之理；第二：言人世之間，應有返歸內心的自知之明，使內心不爲外在環境所影響、支配；第三：言宇宙萬物必都要回到根本。事物在無邊的廣闊宇宙中流行，傳之久遠，然又必歸根、復命，回返寂寥虛無。就整體現象來說，物物由生成而死亡，歸根並不表示死亡，而是歸於與大自然合而爲一，那麼所謂的歸根復命就是指回復於自然之命了，也就是說，道不斷創生萬物，而萬物到後來會返回生命的本源，這種向生命本源回歸，便稱為歸根復命。由此看來，萬物歸於自然大化、歸根復命的作用，和道的規律是相配合的，事物雖回歸大化之中，卻又是其餘新生命，新活動的起點，正可說明道本身的運動是在不斷的循環及反復中進行的。

伍、終極必異

老子既言道的運動是循環往復不已的，又說明在運動中有相反對立的互為轉化之情況。道雖循環不止，禍福雖然無常，難易縱使其成，但天地間卻亦有一不變的法則，那便是物極必反，終老則異。事物的發展到了極致將有轉變。事物的開始，或無變化跡象，但持續發展，則變會深刻化、劇烈化，發展到最後階段，超過了適宜發展的時空，則產生相反的結果，這便是物極必反的規律。故老子云：

物壯則老。（第三十章）（註七）

馮友蘭先生云：「事物變化之一最大通則，則一事物若發達至於極點，則必一變而為其反面，此即所謂『反』，所謂『復』。」（註八）事物窮極而反，亦是老子所謂「飄風不終朝，驟雨不終日。」（第二十三章）這是就自然現象而言，那麼在人事上，則為：

兵強則滅，木強則折。（第七十六章）

強梁者不得其死。（第四十二章）

甚愛必大費，多藏必厚亡。（第四十四章）

兵盛勢強，恃強而驕，則反而不能勝敵；樹木強大，反而為工匠所取；剛暴之人不能有成，反而走向滅亡之路；愛名求欲之甚，則損耗也多、藏貨過多，亡失更重。這都是物極必反思想的延伸，老子深知物極必反之理，因此告誡人類必須了解事理發展的趨勢，知道物極必反的道理，便能夠圓融地處理事物，防患於未然，故他說：

將欲歙之，必固張之；將欲弱之，必固強之。將欲廢之，必固舉之；將欲奪之，必固與之。（第三十六章）

物極必反，勢強必弱，是自然間不易之理，故能明瞭此理，加以運用，才能無往而不自得。

佛家言：「崇高必致墮落，積聚必有消散，緣會終須別離，有命咸歸於死。」（註九）正可為物極必反作註腳。前面說到老子要人了解事情的發展趨勢，知盛極必衰之理，這是防患之方，然老子認為，了解道理的境界，可表現在行事之中，那便是「功遂，身退，天之道。」（第九章）王弼注云：「四時更運，功成則移。」自然現象中，太陽日照，月亮夜臨，是循環不停的，太陽到了一定的時刻，終要由月替代；月亮亦是如此，如果互相強佔，則是徒勞無功。因此日月經天、晝夜出沒、寒暑往來，都有功遂、身退的正常現象。老子便抓住這一點，強調急流勇退的作為，是了解物極必反之理的應對方式。

「持而盈之，不如其已；揣而梲之，不可長保；金玉滿堂，莫之能守；富貴而驕，自遺其咎。」（第九章）事物發展到極點，極老而變，若至滿則定遭損；若發展到銳，則必受挫。人總是求富求貴，好出風頭，老子說明功遂是有作爲，是強的實際表現；但在功成之後，便要知道退反，善刀而藏之，了解物極必反的原則，才能眞正保有確實的鋒利與光芒。

陸、結論

吳怡先生云：「道之爲道，其所以具有眞實性，而不流於死寂；常之爲常，其所以具有永恆性，而不致流於板滯，乃是由於它一方面變動，一方面又有不變存焉。可是如何一方面變，一方面又能不變呢？這是因爲它的變不是一往無前的變，而是循環的變。……人由小至大，每天都在變……突然死亡而化爲腐骨，這便是由生變到死，由正變到反。……這就是無窮的發展，發展到最後，又形成一個圓環的軌道，……就道體來說，這個反字，乃是返回來的返字，也就是復返的意思。」（註一〇）

綜合來說，老子對於反的認識，當是有層次性的，首先，老子看到的反是基於對矛盾事物的認識來看待自然和社會的變化，所以「曲則全，枉則直，窪則盈，敝則新，少則得，多則惑。」（第二十二章）說明了矛盾雙方是可以向相反方向轉化的，這便是以「反」爲中心，建構其對立面互相轉化，相互依存的思想。

其次，老子認爲一切事物在反的運動中進行，而反的作用在發展到極限，便向反向轉化，於是終極則必反，也就是說事物不會永遠在一種狀態之中，故飄風、暴雨不會永久如此，天地風雨尚且不能持恆不易，又況於人乎？

老子之言反的最大意義，當在於復歸。物的相反相成、終極必反固然是道的作用，但歸於本源，復而循環卻是「反」之意義的重點。返樸歸眞，復歸於無極，都是由反的作用而來。杜道堅的《道德玄經原首》中說：

反者，道之動也。……如此反復也，復其見天地之心也。道無定體，唯變是體，動則造化流行，萬物生焉。

老子認為萬物雖衆，但終究要復歸於道，便是歸根、復命，歸根復命便是常，也就是說，老子由反言道，更引出「常」，表示萬物均在常的範疇規律中進行反的作用，也可以說老子以「反」「復」的觀點來解釋宇宙的生息成毀，建立其循環運動的觀點。反的運動是周行不殆，循環往復的圓圈運動，因此，老子的反復觀正是一種圓道周流的哲學。

【註釋】

註一　見錢穆，《中國思想史》，頁六九，臺北市，臺灣書局，民國八十一年二月第六次印刷。

註二　見《孟子》，〈告子下〉。

註三　見吳怡，《老子解義》，頁五五三，臺北市，三民書局，民國八十三年二月初版。

註　四　見《老子》，〈第十九章〉。

註　五　參見張豈之，《中國思想史》，頁七九，臺北市，水牛出版社，民國八十一年十一月一版一刷。

註　六　見《易經》，〈彖傳〉。

註　七　此章言「物壯則老，是謂不道。」老子是談用兵好強之例，以歸結「物壯則老」的觀念，但老子接之以不道，其實是言人類的橫加欲念，違反自然法則，故此處引「物壯則老」是取其自然的普遍原則之意。

註　八　見馮友蘭，《中國哲學史》，頁二二六，香港，文蘭圖書公司，一九六七年四月印行。

註　九　轉引自南懷瑾，《老子他說》，頁一五一，臺北市，老古文化事業公司，民國七十九年三月臺灣三版。

註一〇　見吳怡，《中國哲學發展史》，頁八〇，臺北市，三民書局，民國七十八年十二月三版。

真情與人性

——論兩漢樂府的情愁世界

壹、前言

世間情，民間詩，兩漢樂府可說是情與愁交織的詩篇，本文將探索樂府呈現的有情人境，看兩漢的情觀。

本文共分六部分：

壹、前言

貳、遊子思鄉之愁：敘述異地之人思鄉之情愁心緒，與不捨的戀眷。

叁、男女的情與愛：由詩中看男女的眞情流露與眞摯的情感。

肆、親情的可貴：看詩中所呈現的人間至情。

伍、戰爭的苦與悲：看詩中所反映的戰亂離愁，一窺漢代興發戰爭所引起之悲感。

陸、結論

貳、遊子思鄉之愁

故鄉，是人的根之所在。當人們處於其地，總是不會對它有特別的憐愛。但是，若有一天，離開了它，便會有一份不捨的依戀，方才體會出柳宗元「海畔尖山似劍芒，秋來處處割愁腸，若爲化得身千億，散上峯頭望故鄉。」（註一）離鄉愈遠，思鄉愈切的心情，也方才對杜甫的「露從今夜白，月是故鄉明」（註二）興起共通之感。鄉園，有剪不斷的親情、友情；有記憶中的甜蜜房舍。於是鄉愁便深深地浸侵入遊子的心靈，因而發爲歌詠。

先民的鄉愁，早在三代就已發出。《詩經》的「我徂東山，慆慆不歸」（註三）也好，「采薇采薇，薇亦作止，日歸日歸，歲亦莫止」（註四）也好，都是對於故鄉情的思念，而發爲詠嘆的歌聲。

到了兩漢，鄉愁依舊是詩人歌詠的重心，他們將遊於外地的愁緒，化爲一朵朵燦爛的詩篇。像〈巫山高〉便是其中之一：

> 巫山高，高以大，淮水深，難（深）以逝。我欲東歸，害梁不爲？我集（今）無高曳，水何梁湯湯回回。臨水遠望，泣下霑衣，遠道之人心思歸，謂之何！

作者身在蜀地，無法東歸。一開始，他寫玉山的高大，阻礙了他回鄉之路；又想到了東方，卻又被深急的淮水阻隔，想要回鄉而無法回鄉，因爲水急而沒有船隻，只好忘著水而流淚。

和前一首相同，用平易的句語表現遊子心聲，而在結構方面較爲曲折的有〈豔歌行〉之一：

翩翩堂前燕，冬藏夏來見。兄弟兩三人，流宕在他縣。故衣誰當補？新衣誰當綻？賴得賢主人，覽取爲吾袒。夫壻從門來，斜柯（倚）西北眄。「語卿且勿眄，水清石自見。」石見何纍纍，遠行不如歸。

詩一開始，以燕子表示時間，而遊子的影象也在詩中出現。當「流宕」、「異鄉」出現時，遊子的落寞之情令人有所同感。而「故衣誰當補，新衣誰當綻」更加深了孤寂感。然而這份孤寂，卻因收容他們的女主人而有所稍逝。但是，當男主人一回來，卻誤會他們和女主人之清白關係。於是這對兄弟最後感嘆：「遠行不如歸」，畢竟故鄉親情才是最好的停泊港啊！

再如〈悲歌〉一首言：

悲歌可以當泣，遠望可以當歸。思念故鄉，鬱鬱纍纍。欲歸家無人，欲渡河無船。心思不能言，腸中車輪轉。

旅人思鄉，想要歸家，家裏沒有人，而河中亦沒有渡船，是一件多麼無可奈何的事！因而反覆言說可以歸卻歸不得，最後以腸中的悲愁之氣就像車輪轉動一樣滾來滾去，抒寫他的心境無法平復，將痛楚之感傳達給讀者。

和前首相同，也以「腸中車輪轉」作結的〈古歌〉，也是作客之人思鄉之詩情：

秋水蕭蕭愁煞人，出亦愁，入亦愁，座中何人，誰不懷憂？令我白頭。胡地多飇風，樹木何修修。離家日趨遠，衣帶日趨緩。心思不能言，腸中車輪轉。

胡地多暴風，氣候寒冷。在秋天的時候，風颯颯的吹，帶著愁緒，已經賦予這首詩悲調。而作者更將意象向「愁」聚集，人「白頭」固愁；地爲「胡地」也愁；景色爲「修修」之木，這些愁加起來，怪不得要令主人翁「腸中車輪轉」了。這首詩的特色在於脈絡十分嚴謹，頗有氣象，而對於季節氣氛的營造和旅人思緒的結合非常成功，節奏正如急風驟雨般，快速而又帶有悲調，和前面提到數首相比，顯然可看出作者的功力。

至於〈古八變歌〉則有文人的風格：

北風初秋至，吹我章華臺。浮雲多暮色，似從崦嵫來。枯桑鳴中林，絡緯響空階。翩翩飛蓬征，愴愴遊子懷。故鄉不可見，長望始此回。

這首詩和前一首〈古歌〉都是寫秋季懷鄉。詩人由登上章華臺而看到浮雲暮色、枯萎桑樹、蓬草飄飛之景象，故想到自己身爲遊子的感慨。「崦嵫」的日落蒼冷寂感，「枯桑」的凋萎景象；「空階」的虛幻，「飛蓬」的不安定感，正如同愴愴的遊子心懷。望不見故鄉，只好伸長脖子，希望能望到故鄉的景致，但這終究是不可能的事，更添無限的感傷。

至於〈高田種小麥〉一首言：

高田種小麥，終久不成穗。男兒在他鄉，焉得不憔悴？

此首亦爲遊子懷鄉之作。作者說：高地的田畝種小麥，缺之水分和肥料，長久也不能長出穗來。男兒如果流浪在他鄉異地，又怎能不衰枯憔悴？

作者用小麥不宜植在高田來比喻人不宜住在異鄉。詩由兩組意象並列而成，在互相映照之下，將他所要表達的意思，簡單而平易的表現出來。

綜上所述，漢樂府的離愁思鄉之作，多以平易近人的言語，平鋪直敘的語調，抒寫一份愁緒。雖比不上戴叔倫〈除夜宿石頭驛〉「一年將盡夜，萬里未歸人」的壯懷之悲，也沒有歐陽修〈踏莎行〉的「離愁漸遠漸無窮，迢迢不斷如春水」那麼濃密綿延，但卻有另外一種古樸眞摯的美感。

叁、男女的情與愛

愛情，是人類生命中的重要一環，也因此爲自古以來文學作家或士人所喜歡表現在作品的主題。不論是未婚男女的邂逅，已婚夫婦的情愛，都爲讀者所欣賞，爲作品中的愛恨情愁而感動。

詩三百開始，愛情詩篇便不斷地出現。對於異性的追求，有《詩經・秦風》的〈蒹葭〉：「蒹葭蒼蒼，白露爲霜。所謂伊人，在水一方。」有《詩經・召南》的〈摽有梅〉：「摽有梅，其實七兮，求我庶士，迨其吉兮。」對於男女之間的愛情追求之描寫，自然而純眞，沒有任何掩飾。再如《召南》的〈野有死麕〉：「舒而脫脫兮，無感我帨兮，無使尨也吠。」男女約會的景象，充分表露無疑。

和《詩經》相同，兩漢樂府也保存了許多豐富的愛情詩篇。像〈江南〉：「江南可採蓮，蓮葉何田田。」也有人認爲即是描寫男女的嬉遊。如聞一多先生的《神話與詩》便認爲〈江南〉之曲是：「魚喻男，蓮喻女，說魚與蓮戲，實等於說男與女戲。」這應是屬於對魚的隱喻產生對蓮的聯想。

樂府愛情詩的最短篇之作，要算是〈公無渡河〉了：

公無渡河，公竟渡河。墮河而死，當奈公何？

這是一首夫婦殉情的作品。〈孔雀東南飛〉以長篇的敍事，描繪哀怨淒美的愛情故事取勝，而此篇則以簡單的意象，表現至情眞愛見長。一個白髮的老夫，不顧水急河深的危險，橫渡急流。據崔豹《古今注》認爲，當這位白髮老夫在其妻阻攔不及而溺死後，其妻彈著箜篌唱出了這首悲歌，而這一幕，被一個名爲子高之人看見，於是記錄了下來。

〈有所思〉一首，敍述了女子由愛生恨，決心要和情人斷絕，將要送男友的禮物弄成灰燼：

有所思，乃在大海南。何用問遺君？雙珠瑇瑁簪，用玉紹繚之。聞君有他心，拉雜摧燒之。摧燒之，當風揚其灰。從今以往，勿復相思，相思與君絕！雞鳴狗吠，兄嫂當知之。秋風蕭蕭晨風颸，東方須臾高知之。

女子對情人的思念，寄託在準備送他的禮物中，雖然相隔極遠，仍要送他「雙珠瑇瑁簪」。然而情人卻變了心，這使她由愛轉恨，立刻將珠玉裝飾的簪燒毀。原想就此和情郎一刀兩斷，但是憶起以往兩情相悅，卻又有難捨之情。一方面固然要顧慮「兄嫂當知之」，其實恐怕還是心有不忍的癡情吧！對於此詩，潘師重規其《樂府詩粹箋》有言：「返覆追思，怨懫欲絕也。」從寄情於物到欲斬斷情思，又從斬斷情思至於情絲難斷，心理狀態的變化之大，使愛情故事高潮起伏不斷。

和〈有所思〉最大的不同，有〈上邪〉的女心堅定之詩：

上邪，我欲與君相知，長命無絕衰。山無陵，江水爲竭，冬雷震震夏雨雪，天地合，乃敢與君絕。

女主角表明了她欲與郎君相親相愛的心跡，並且說除非高山化爲平地、江水枯竭、冬天打雷、夏天下雪、天地合併，她才會和郎君分開。事實上，這些是不可能發生的。從山川變化到氣候轉變，連用了五個否定方式，正表明了女主角永誌不渝的堅固情愛，是一首十分坦誠熱情的愛情詩。

男女因相知而相愛，因相愛而結合。結了婚，如果男主人爲了生計，必須遠赴他鄉，那在家中的女子，便會因此而寂寞。尤其到了春天，見到綿綿青草，只見青草鋪上大地，春天已回，卻不見心上人回來。這首〈飲馬長城窟行〉便是如此：

青青河畔（邊）草，綿綿思遠道。遠道不可思，宿昔夢見之。夢見在我傍，忽覺在他鄉。他鄉各異縣，展轉不相見。枯桑知天風，海水知天寒，入門各自媚，誰肯相爲言？客從遠方來，遺我雙鯉魚。呼兒烹鯉魚，中有尺素書。長跪讀素書，書中竟何如？上言加餐食，下言長相憶。

婦女的感情起伏，在詩中浮現。首段寫她日思夜想，由景生情，在夢中終於見到潤別久日的夫婿。但夢終究是夢，夢醒仍是「他鄉各異縣」。第二段寫她的孤獨情懷，尤其見到鄰人親密的鏡頭，更顯自己的淒清心情。末尾言其友帶來了夫君的書信，使詩中的哀怨情調稍爲調和，她對於詩中夫婿的慰藉，感到無比的甜蜜而溫馨，因爲夫君說「加餐食」，並言「長相憶」，而這兩情相憶於心之情，不正如遠道綿綿不盡之青草一樣，那麼鮮麗而動人！

這種堅貞情思的女子，也可以在〈艷歌何嘗行〉中見到，這個女子情感篤厚：「妾當守空房，閉門下重關。若生當相見，亡者會黃泉。」

不過，並非所有兩漢女子都是堅貞而終。這個女子向變心的丈夫表達強烈的抗議（註五），並表示絕情之意：

皚女山上雪，皎若雲間月，聞君有兩意，故來相決絕。今日斗酒會，明旦溝水頭，躞蹀御溝上，溝水東西流。淒淒復淒淒，嫁娶不須啼，願得一心人，白頭不相離。竹竿何嫋嫋，魚尾何簁簁。男兒重意氣，何用錢刀爲？（〈白頭吟〉）

首段以象徵筆法，寫丈夫心變之意如山上雪、雲間月般，明白得很，於是使女子有與君相絕之念頭；其次寫她與夫的最後一別，頗有不堪回首之歎；第三段寫他遇人不淑，若能嫁得專情如一的郎君，便不致有如此下場；末尾以釣竿在水中搖晃象徵追求者，而以魚尾象徵被追求者。

這首詩的時間處理，由時間依序而下，到第三段寫回原先出嫁之情景。而在語句方面，似乎是自己的後悔之語，但這也隱含了她提醒世人，不要隨便選擇男偶，一定要找到有情有意的郎君，不要以他的財富來衡量愛情。

再看這首〈上山采蘼蕪〉：

上山采蘼蕪，下山逢故夫。長跪問故夫，新人復何如？新人雖言好，未若故人姝。顏色類相似，手爪不相如。新人從門入，故人從閣去。新人工織縑，故人工織素。織縑日一匹，織素五丈餘，將縑來比素，新人不如故。

結束了一段情，但這個前婦在見到前夫時，竟還「長跪」來關懷他的生活狀況。作者藉著對話的方式，鋪陳一段極精采的新舊女子之對比。這個喜新厭舊的男子，一連說出了故人比新人好之語：「未若故人姝」、「手爪不相如」、「新人不如故」，想必他一定很後悔棄舊迎新吧！男女的個性，在這篇中呈現出來。雖然男子娶了她人，但依然讚揚舊婦。但在此卻似也顯出他的怯懦；而這名婦女的溫柔性情，使讀者對她產生極大的同情心，也對男子的行爲感到氣憤！

看了兩漢愛情樂府詩，再看白居易〈長恨歌〉的：「在天願作比翼鳥，在地願爲連理枝，天長地久有時盡，此恨綿綿無絕期。」可以發現，樂府情詩表達的方式極爲直接而坦率、熱烈，這可能是作者多自民間出，未染文士氣息的緣故。

肆、親情的可貴

人間至情，是親情之愛。《詩經》的〈蓼莪〉是一篇極爲感人的詩篇（註六）：

蓼蓼者莪，匪莪伊蒿，哀哀父母，生我劬勞。蓼蓼者莪，匪莪伊蔚，哀哀父母，生我勞瘁……

從孩子生下來，父母的養育、教誨，實是爲人子所難報答的。

在兩漢樂府裏，描寫親情之詩，有〈婦病行〉：

婦病連年累歲，傳呼丈人前一言。當言未及得言，不知淚下一何翩翩。屬累君兩三孤子，莫我兒飢且寒。有過慎莫笪笞，行當折搖，思復念之。亂曰：抱時無衣，襦復無裏。閉門塞牖，舍孤兒到市。道逢親交，泣坐不能起，從乞求與孤買餌，對交啼泣，淚不可止，我欲不傷悲不能已。探懷中錢持授，交入門，見孤兒，啼索其母抱。徘徊空舍中，行復爾耳，棄置勿復道。

這是一首婦人臨終的囑咐。當詩中的母親知道自己的病好不了時，心中念念不忘「兩三孤子」，吩咐丈夫要照顧孩子的生活，要疼惜他們，有過失要細心教導，不要用鞭或棍子打他們。對於自己的病況，並不在意，在意的只是年幼的孩子，實在是偉大的母愛，若拿下段「亂日」相較，更讓人覺得現代兒歌的「世上只有媽媽好，有媽的孩子像塊寶」眞是確切之語。

〈雉子班〉這首曰：

雉子班如此，之于雉梁，無以吾翁孺，雉子。知得雉子高蜚止，黃鵠蜚，之以千里王可思。雄來蜚從雌，視子趨一雉。雉子，車大駕馬滕，被王送行所中。堯羊蜚從王孫行。

這是一個雉鳥親子死別的悲歌。母鳥言對小鳥的呼喚，稱讚牠羽毛之漂亮，然而就因爲牠的亮麗，引起了別人的注意，也因此惹禍上身。接著連叫了兩次雉子，充滿叮嚀之母愛。但是終究小雉還是被抓了，作者敍述了母親看到小野雉被捕的那種慌張驚迫的情狀，甚至母鳥和雄鳥一起跟隨著捕鳥人，追跡他的踪跡。如果捕鳥者看到了這個景象，對於親情的可貴，是不是會對自己的捕鳥行爲感到慚愧呢？

李陵在漢武帝天漢二年（西元前九十九年），率軍突匈奴，爲其所困，結果力竭而投降。但漢朝廷誤聽到李陵不僅投降匈奴，並且爲之訓練兵隊，於是大發雷霆，殺其母弟妻子。爾後蘇武出使被扣，十多年後，將要回漢，兩人相見，因而詠發歌曲：

徑萬里兮度沙幕（漠），爲君將兮奮匈奴。路窮絕兮矢刃摧，士衆滅兮名已隤。老母已死，雖欲報恩將安歸。

這首詩敘述了自己的失敗情形，又想到祖先（註七）的功名偉業，自己的淪落異域，感慨萬分。而最令他悲痛的是母親的死。由此可見，李陵對於母親十分孝順，司馬遷亦說他事親極孝，而母親對他的恩惠亦十分偉大，親子情，多麼可貴！

〈長歌行〉亦描寫了親情的偉大：

岧岧山上亭，皎皎雲間星，遠望使心思，遊子戀所生，驅車出北門，遙觀洛陽城。凱風吹長棘，夭夭枝葉傾。黃鳥飛（鳴）相追，咬咬弄音聲（琴音）。竚立望西河，泣下沾羅纓。

出外的遊子，遙望遠方，滿懷心思起伏不定，不禁思念起故鄉的父母親了。他的出外，本是爲了光耀門楣，以爲父母爭光，報答父母養育之恩，但功名未成，不得返鄉。憶起母親的恩澤，將他養大成人，就如同南風吹棗樹。這首詩用了《詩經．邶風》〈凱風〉之典故：

凱風自南，吹彼棘心；棘心夭夭，母氏劬勞。凱風自南，吹彼棘薪，母氏聖善，我無令人。爰有寒泉，在浚之下，有子七人，母氏勞苦。睍睆黃鳥，載好其音，有子七人，莫慰母心。

兩詩的意義是相合的，和煦的南風吹著棘樹的幼苗，使它好好地生長，於是棘樹便一天天的大了起來，高壯起來，於是幼苗成長變爲堅硬高拔的柴薪。母親養育子女，也正是如此。面對母親的恩澤，爲人子女的是否當思己有無報恩之心呢？黃鳥對於別人都能以悅耳的歌聲來取悅，而身爲子女者，如果沒有好的成就來安慰母親，取得母親的歡欣，不是比小黃鳥還不如嗎？

由此之故，詩人遙望西河，想到只爲功名，母喪不歸的不孝子吳起，不禁淚滿眼眶。從這些篇章中，可以深刻的體會到孟郊〈遊子吟〉的：「誰言寸草心，報得三春暉」之情境，樂府詩中的母子（父子）親情，親子別離的傷痛，親情之偉大，都是有血有淚交織而成的作品，一則顯現了父母的恩澤深厚，一則含有勸諫世人當思親恩以報之意。

伍、戰爭的苦與悲

對於戰爭，自古即有詩詠歌之，或有雄壯威武的軍曲，如《詩經．秦風》的〈無衣〉描寫秦將抵抗西戎入侵的軍隊進行曲，亦有描寫對好戰者之怨憤，如《邶風》之〈擊鼓〉：「擊鼓其鏜，踴躍用兵。土國城漕，我獨南行……」、《王風》之〈兔爰〉、《齊風》之〈東方未明〉都是和戰爭，行役相同主題之詩歌。

樂府的戰爭詩多怨憤之作，如〈東光〉云：

東光乎？倉梧何不乎？（乎或作平）倉梧多腐粟，無益諸軍糧。諸軍遊蕩子，早行多悲傷。

漢武帝的征南越，激起人民的反感，然而仍在元鼎五年成行。所經之地，正是詩中所描寫的卑濕瘴霧濃厚之地，沒有見到陽光。這一群士兵，在晨光未明的路上踽踽而行，一幅遠行征戰圖，沒有絲毫的強勁之氣，只有悲淒的味道含於其中。

另外一首悲憤之詩是〈戰城南〉：

戰城南，死郭北，野死不葬烏可食，爲我謂烏：且爲客豪，野死諒不葬，腐肉安能去子逃？水深激激，蒲葦冥冥，梟騎戰鬥死，駑馬徘徊鳴。梁築室，何以南梁何北？禾黍而（不）穫君何食，願爲忠臣安可得？思子良臣，良臣誠可思，朝行出攻，暮（莫）不夜啼。

這是哀痛戰爭死亡，而想念良將之詩，詩先寫爲戰死，烏鴉啄食之語，次寫戰後，戰場一片蕭條景象，寫馬的傷亡，所以見人死傷之慘重。再敍述服勞役者辛苦奔忙，不能耕種，五穀失收。詩寫到這裏，忽然換了焦點，怨朝中缺乏良將，使得戰爭連年不斷，唐詩曰：「秦時明月漢時關，萬里長征人未還，但使龍城飛將在，不教胡馬度陰山。」（註八）不正與此詩意同嗎？潘師重規在《樂府詩粹箋》言：「此篇意同屈子『國殤』，作者設爲忠臣甘心戰死之詞。」不過愚意以爲此旨有「築室，何以南何北」、「朝行出攻，暮不夜歸」之語，似有埋怨之語氣，可能不會對於戰死之結果感到甘心吧！若再以王先謙之語相參考之，應更可見這是戰士在征戰之苦中而詠發之詩，應無寧死報國之意：「漢高帝戰敗於彭城，築甬道屬河以取敖倉粟，値關中大饑，楚數侵奪甬道，漢軍乞食，軍士作歌，以述其意。」（註九）

前面兩首均言戰士征戰之勞苦，爲當時實際情形的最佳寫照，而這首〈十五從軍行〉（註一〇）則是一個十五歲便爲兵士，一直到八十歲才告老還鄉的老兵的心聲：

十五從軍征，八十始得歸。道逢鄉里人，家中有阿誰？遙望是君家，松柏冢纍纍。兔從狗竇入，雉從梁上飛。中庭生旅穀，井上生旅葵。舂穀持作飯，采葵持作羹。羹飯一時熟，不知貽阿誰？出門東向望，淚落沾我衣。

從十五到八十，六十五年漫長歲月，這位長年在外的軍人，歷經歲月滄桑，不知經過多少戰役，終於回到了他的家園。詩中沒有敍述一點他在這六十五年中的任何功績，卻描寫這六十五年中無法知道的景象。十五歲的年少意氣風發，轉眼便是八十歲齒搖髮禿的年齡，終於可以「得歸」了。就在歸家之時，老人得到家中的消息，親人亡故，骨肉凋零，人事已非，但景物是否依舊？終於到了家，然而這還算是家嗎？「兔從狗竇入，雉從梁上飛」，主人的自己，似乎便成不速之客了。再看院子，原本堅硬的土地，如今一片雜草叢生，尤其令人驚訝的是，竟然有穀類——旅穀的長成，那是要歷經多少歲月才能結成的啊！旅穀的生長若不足奇，但長在破敗的家園中，多麼令人鼻酸啊！古井由於長年堆積落葉，因而枯渴而佈滿塵土，唐詩人賀知章：「少小離家老大回，鄉音無改鬢毛衰，兒童相見不相識，笑問客從何處來？」（〈回鄉偶書〉）的感慨雖深，但和此比較起來，似乎又不如此詩之悲感傷痛！

老人接受了這個事實，讓自己平靜下來，舂米、採葵、在廢墟中重整家園、作飯、作菜，飯熟了，菜也熟了，老人應該可以有頓熱飯吃了吧！但是就在此刻，老人又悲從中來，百感交集，因爲當年的他，和家人一起吃飯的情景一一浮現，如今這些親人何在呢？

老人面向東方，遙望親人的墓地，終於，他流下了眼淚。全詩於此便止。沈師謙在其《敘事詩》一書中說得好：「全詩止於老人落淚。在老人解甲之前的六十五年，是一片令人瘋狂的沙漠；在老人落淚之後，是一片令人窒息的空白。」老人最後（在落淚之後）有什麼樣的行動，我們不知道，因爲詩人沒有說出，也許正如白居易〈琵琶〉行所說的：「此時無聲勝有聲」吧！

由以上之詩可以看到，兩漢樂府多對於戰爭呈現不滿之情，因爲戰爭爲人民帶來分離的苦痛，連年的征戰讓軍隊失去鬥志和士氣，更使世界上多了滄桑和落沒之感。同時，詩中也呈現了民衆渴望安定生活的希求。在喜歡拓展領域、征服異邦的漢朝之時，出現這樣的詩篇，似乎是對於君王的好大喜功，產生的無奈之語。

陸、結論

遊子負笈他鄉，爲了求得功名以榮耀父母。每當季節移轉或夜闌人靜之時，觸景生情，那份思鄉之情便由衷興起。〈巫山高〉、〈古八變歌〉……都是在外鄉的遊人想念家園而發爲咏歌的詩篇。

愛情神聖，男女的堅貞情愛，一直爲人所稱揚，〈上邪〉的誓言、〈孔雀東南飛〉的殉情、〈陌上桑〉的婦女對他人的嚴正拒絕，都是如此。但是像〈白頭吟〉的變心丈夫，他的妻子亦不惜以斷情來表達她的悲恨。

親情是偉大的，即使有焦仲卿母親對媳婦的惡言相待，仍不能抹去兩漢樂府中對於親情的頌揚。

〈婦病行〉中的病入膏肓之婦，千萬叮嚀，無非出自她的一片母愛。如果她知道往後丈夫對孩子的生活棄之不顧，不知道會如何傷心！

戰爭帶來了征服的喜悅，但可怕的是戰爭帶來更大的負面影響，流血、死亡、社會混亂、家庭殘破，在兩漢樂府的詩人眼中，戰爭太可怕也太可悲了，〈十五從軍行〉不正是最好的寫照嗎？

遊子思鄉、男女愛情、父母之心、戰爭的悲苦，都是兩漢樂府中的感人主題，也展現了當時人民心中的情與悲。天地之生，創造了一個有情世界，樂府之生，塑造了有情的詩篇。在兩漢樂府中，有摯熱的情思，有哀怨的哭訴，有雜亂的愁緒。而在平易近人的筆法中，作者將他的感受鋪陳成一篇篇的敘述，讓樂府詩就像活生生的社會生活反映，也讓讀者充分體會到詩中主角的遭遇和心境。因此，率直而不隱諱，平淡中見眞情，應該是兩漢樂府情與愁的特色吧！

【註釋】

註一　柳宗元詩〈與浩初上人同看山寄京華親故〉。

註二　杜甫詩〈月夜憶舍弟〉。

註三　《詩經．豳風》〈東山〉。

註四　《詩經．小雅》〈采薇〉。

註五　有人以爲此詩爲卓文君之作品，有人以爲此詩亦只是漢代街陌謠謳之作品。

註六　見《詩經・小雅》。

註七　指李廣。

註八　王昌齡〈出塞〉。

註九　見王先謙《漢鐃歌釋文箋正》。

註一〇　《樂府古題要解》云：「此詩晉宋入樂奏之。」《樂府詩集》：「梁鼓角橫吹曲……載此詩。」此篇在漢爲古詩，至晉宋已置爲樂府。

參考書目

中國歷代敍事詩　邱師燮友　三民書局
相思千里　李瑞騰　業強出版社
神話、愛情、詩　沈師謙　尙友出版社
詩學析論　張春榮　東大圖書公司
樂府詩　洪順隆　林白出版社
歷代樂府詩選析　傅錫壬　五南圖書出版公司
樂府詩校箋　潘師重規　人生書局
敍事詩　簡恩定等　國立空中大學印行
美麗與哀愁　李瑞騰　幼獅月刊　七十二年三月
仰望陽光的小草　顏崑陽　國文天地　七十七年五月
莫教我兒飢且寒　黃盛雄　國文天地　七十七年五月

擬古以寄託

——江淹「詩體總雜、善於摹擬」之探究

壹、前言

鍾嶸在《詩品》中提到：「江淹詩體總雜，善於摹擬。」；嚴羽的《滄浪詩話》說：「擬古唯江文通最長。」江淹善於擬古，幾乎是古今一致的看法。綜觀江文通之詩，今存者爲數在一百四十首左右，其中可以很明顯看出擬古痕跡的是效阮公十五首、雜體三十首，共計四十五首，約佔全部作品的三分之一。其餘之作，雖亦不免有擬古之態，但大體說來，當受生平際遇之影響，或有渾雄剛健如「綿嶮冒戈堞，乘嶠架烽樓」（從蕭驃騎新亭）之句；或有哀怨如「金簫哀夜長，瑤琴怨暮多」之語（秋夕納涼奉和刑獄舅詩），這些作品的思想、表現筆法雖受前人影響，但嚴格說來，並不算是擬古。因此，若要就鍾嶸所謂「詩體總雜，善於摹擬」之意加以探討，當就效阮公十五首及雜體三十首以觀之。由是之故，以下將分效阮公和雜體詩兩部分來討論。

貳、效阮公十五首

江淹在〈自序〉曾云：「及王（指劉景素）移鎭朱方也，又爲鎭軍參軍事，領東海郡丞。於是王與不逞之徒，日夜研議。淹知禍機之將發，又賦詩十五首，略明性命之理，因以爲諷。」由此看來，江淹此作，係針對景素而發。當時的景素爲名利所惑，一心想要稱霸，加上奸臣的讒語，更有竄位之心。然此密謀並未公開，因此江淹亦不便直言規勸，只得以擬古之名，把自己的用心，藉著委婉之語表現，一方面希望能消去景素的野心，一方面寄託自己鬱鬱不得志之胸懷。

效阮公第一首以「歲暮懷感傷」爲起，以「寧知霜雪後，獨見松竹心」爲結，道出自己傷痛之因，並言己爲松竹之心，是極有氣節而不與濁流共污的。然而，面對一個不聽勸告的君主，即使連忠貞之士也不免要「志氣多感失，淚下沾懷抱」（第二首）了。

他在第三首中說道：「天命誰能見，人跡信可疑」，沒有人可以知道天意欲人如何，何況景素又自以爲是眞命天子，這些受寵的臣子之語實在不能相信。但景素就眞的相信了，準備在廢帝劉昱手中，奪取皇位。對於小人的「慷慨少淑貌，便娟多令辭」（第四首）江淹依然是無可奈何！

江淹以「擾擾當途子，毀譽多埃塵，朝生與馬間，夕死衢路濱」（第十一首）和「陰陽不可知，鬼神惟杳冥」（第五首）、「性命有定理，禍福不可禁」（第十三首）之語，勸景素勿追逐名利而走上死亡之路，然終不爲其所採納。

如果我們將此十五首詩和阮籍詩相比較，手法極爲相似，語意相近：如第一首言：「歲暮懷感傷」，似阮籍詠懷詩之「夜中不能寐」；阮籍言「裴徊蓬池上，還顧望大梁」，江淹言「昔余登大梁，西南望洪河」。

李善《昭明文選》注引顏延年曰：「嗣宗身仕亂朝，常恐罹謗遇禍，因茲發詠……雖志在刺譏，而文多隱避。」阮籍詠懷有制譏時政、感嘆人生，歌頌老莊之作，而江淹亦是因詩託事，寄諷諫之情於其中，此爲二人最爲相似之點。再者，阮籍對於人生無常、生命慨歎之語極多，如「千秋萬歲後，榮名安所之」、「簫管有遺音，梁王安在哉」、「人生若塵路，天道邈悠悠」、「萬世誰與期，存亡有長短」；而在江淹的筆下，則呈現出「千齡猶旦夕，萬世更浮沈」、「四時有變化，盛明不徘徊」、「人道則不然，消散隨風改」、「寒暑有往來，功名安可留」的面貌。

綜而言之，江淹之效阮公十五首，其寫作之法與阮公近似，或以秋風零落感慨世事之變，或以鳴鶴勁草喻己之志。以爲，江淹效阮公之詩，重點當不在模仿阮公之字句，因此不易看出極爲相像的詩句（當然像阮公「嘉樹下成蹊，東園桃與李，秋風吹飛藿，零落從此始」之句，江淹改成「零露被百草，秋風吹桃李」之痕跡依稀可見）。既然在文句上不易看出相似句，江淹的「模擬」當可從另一角度看：阮公詠懷八十二首，標爲「詠懷」當予江淹極大靈感，而詠懷內容，多有興寄，必求時事以實之（註一），阮籍對於魏末之世，司馬氏之專權有極大之反感——雖然他曾爲宣帝、景帝、文帝之中郎。再看江淹，他曾在景素的器重下，青年得志，但對於想要謀奪帝位之事，亦使他產生極大反彈。

作，絕不是無病呻吟，而是在內心受了極大衝擊之後，用最含蓄的手法，寫出寄託最深的諷詠作品。公十五首，是效其「以詩喻意，以詩諷諫」的精神，非著重在一字一句的相似模擬，他的「模擬」之阮籍以曲折之語寄內心之不平；同樣的，江淹也以隱微之詩訴內心之憂憤。因此，余認為江淹的效阮

叁、雜體三十首

雜體三十首是江淹對三十位作者所作之模仿。《歷代詩話》卷三十二，吳景旭曰：「若文通雜體，稱風人之極軌，比情洽吻，幾至亂眞。」陳延杰曰：「文通雜體三十首……學一人，象一人，信可品藻淵流也。」逯欽立亦曰：「江淹作雜體三十首，于各家詩體皆摹之……江淹善摹，歷代稱之……最得擬詩之要也。」以「事出於沈思，義歸乎翰藻」的昭明文選選文標準下，雜體三十首全部收錄，可見這三十首詩為人所稱讚，絕非偶然。

江淹在寫雜體詩時，尙為之序。雜體詩序可說是江淹對各家詩歌之發展所作之批評。他說：「夫楚謠漢風，既非一骨，魏制晉造，固亦二體」，所以詩歌的創作是不拘一家，不必僅以一家為宗。「關西鄴下，既已罕同，河外江南，頗為異法」，從這些文字，更可見江淹已經體會到文學作品會因時代的發展變化而有所更革，也因此各家有各家的風格，各有各的特色，「故蛾眉詎同貌而魄，芳草寧共氣而皆悅于魂」，這也就是江淹要以這三十家（註二）為模擬對象，不拘泥某家的原因，鍾嶸說他「詩體總雜」，殆指此乎！

雜體詩序更提到了：「世之諸賢，各滯所迷，莫不論甘而忌辛，好丹而非素，豈所謂通方廣恕，好遠兼愛者哉？及公幹、仲宣之論，家有曲直；安仁、士衡之評，人立矯抗，況復殊於此者乎？又貴遠賤近，人之常情；重耳輕目，俗之恆弊。是以邯鄲托曲于李奇，士季假論於嗣宗……」他對於世俗之人崇古抑今，不以作品的面貌來評斷好壞，而只以作者之名聲來定其高下的偏見十分反對，爲了矯此弊病，他率先起而行之，對作家「斅其文體，雖不足品藻淵流，庶亦無乖商榷云爾」有用意欲通過擬作來顯示各家特色。在這之前，恐怕只有謝靈運曾經作過〈擬魏太子鄴中集詩〉，對建安作者加以模仿，但也僅仿八家，而江淹所擬不僅多至三十家，且時代不同，更可看出兼取各家所長，發展不同詩風，不被束縛侷限在狹隘的範圍之內。

由此看來，江淹的雜體詩亦是有所爲而作的，他肯定語言日進，詩風日開，不只是前人作品才是好的，今人亦有好作品的事實，並且對於不同風格的詩風和作者兼容並蓄，充分尊重，因爲他們各具其美，使得詩文學的面貌如五音相諧，呈現豐富動人之面貌。所以在各有主張，特色之情況下，強分高低又有何用？是故江淹雜體有其極高之文學觀念存在，非僅是摹擬而已。

雜體三十首所擬上起漢代，下至宋齊，所擬均爲五言詩，曹丕曾於《與吳質書》中言：「（劉楨）五言詩之善者，妙絕時人」，經過曹魏晉宋，五言詩已在詩壇上具有極高之地位，如陶之「晨興理荒穢，帶月荷鋤歸」、謝之「池塘生春草，園柳變鳴禽」均爲五言佳句，故擬作均以五言爲之。

雜體三十首第一首爲古離別，是擬古詩十九首「行行重行行」而作。鍾嶸《詩品》譽爲「幾乎一字千金」，《文心雕龍》明詩篇劉勰云：「五言之冠冕」對這十九首有極高評價。而江淹此首雖說是擬「行行重行行」，但實是融合十九首之優而擬之。如「君在天一涯，妾身長別離」就古詩「相去萬餘里，各在天一涯」而更之；「黃雲蔽千里，遊子何時還」就「浮雲蔽白日，游子不顧返」更改之。這一首寄語遠方佳人之詩，道盡相思之情，頗有古詩之風。

「李都尉從軍」仿李陵之贈蘇武，但言別離，以命舛隔之際遇，和原詩之悽怨意象，頗能相符，故王壬秋評之曰：「苦學之效。」可見已達幾可讓人誤以為是擅寫別離之李陵所作。至於「班婕妤詠扇」，亦託物寄興，怨悱而不亂。

第四至第七首，詠建安詩人曹丕、曹植、劉楨、王粲。所擬分別為「遊宴」、「贈友」、「感遇」、「懷德」，而《文心雕龍》明詩言建安之詩：「憐風月、狎池苑、述思榮、敘酣宴」似有相契合之感。再就八、九首，擬嵇康、阮籍之詩，擬嵇題為「言志」，和《文心雕龍》的「嵇志清峻」相合；擬阮籍為「詠懷」，《文心雕龍》言「阮旨遙深」相合，由此更可看出江淹的擬作並非隨意採取一家的某一首詩，就加以模仿，畢竟只就三十家各模一首，當要選擇最具特色，最有代表性的詩作來摹仿，才是展現各種詩風的旨趣所在。

他如擬張華「離情」，《詩品》稱張華詩「兒女情多。」文選所錄情詩，正為江淹所擬；潘岳悼亡，自古有名，故江淹擬之。《文心雕龍》才略言左思「拔萃於詠史」，《詩品》言「太沖詠史」，江淹題擬之作為「詠史」；擬劉琨題為「傷亂」，《文心雕龍》才略稱：「（劉琨）亦遇之於時勢也。」。

又如郭璞代表作爲「遊仙」；《詩品》言「鮑照戍邊」、「（惠休）淫靡」；故江淹擬郭璞的遊仙之作，擬鮑參軍的戎行之語，擬湯惠休「別怨」都顯現各作家的特徵。

如果和《昭明文選》、《文心雕龍》與江淹雜體三十首相對照，當可發現江淹和劉勰、李善等文學批評家的看法大體相同，且對諸家的代表作多頗認同。

綜而觀之，江淹之雜體詩作是對「王公搢紳之士，每博論之餘，何嘗不以詩爲口實，隨其嗜欲，商榷不同，淄澠並泛，朱紫相奇，喧議競起」（註三）之時弊的反動，因爲這種「各滯所迷」的心態，如同給自己加上桎梏，對於詩歌發展當有不利影響，是故借擬古之名來委婉表示他對於作家被加上好壞標籤之非議，希望這種漫加批評的不正風氣能導正，各取衆家所長。

肆、結論

總而言之，江淹的摹擬之作，有其深厚之寫作動機。效阮公十五首，寄託了臣子對君王的忠貞諷諭之情，也暗寓了清官爲君主疏離之悲懷；雜體詩三十首則是藉模擬之名，欲針砭時弊，以表達「通方廣恕，好遠兼愛」之意念。江淹在模擬衆家詩作之時，必定在吸取衆家創作經驗中，下了很深的功夫，也因此才有鍾嶸「詩體總雜，善於摹擬」之評。如果我們能在「善於摹擬」的認識中，加以體會江淹摹擬的用心所在，當會對他的詩作產生更多的感受與評價。

【註　釋】

註　一　見沈德潛《古詩源》。

註　二　江淹所擬三十首分別爲：古離別、李都尉陵從軍、班婕妤詠扇、魏文帝曹丕遊宴、陳思王曹植贈友、劉文學楨感懷、王侍中粲懷德、嵇中散康言志、阮步兵籍詠懷、張司空華離情、潘黃門岳述哀、陸平原機羇宦、左記室思詠史、張黃門協苦雨、劉太尉琨傷亂、盧郎中諶感交、郭弘農璞遊仙、孫廷尉綽雜述、許徵君詢自敍、殷東陽仲文興矚、謝僕射混遊覽、陶徵君潛田居、謝臨川靈運遊山、顏特進延之侍宴、謝法曹惠連贈別、王徵君微養疾、袁太尉淑從駕、謝光祿郊遊、鮑參軍戎行、休上人怨別。

註　三　見鍾嶸《詩品序》。

天容海色本澄清

——東坡〈六月二十日夜渡海〉詩的人生境界

生命的悲喜，固然受到外在環境的左右，但是個人的生活態度、與世哲學，卻是哀樂的眞正關鍵。對於蘇東坡來說，生命歷程不乏順境坦途、平步青雲的輝煌時代（註一），但是憂患磨難、宦海沈浮的日子，卻是他大半生的寫照（註二）。從新舊黨派的鬥爭開始，歷經烏臺詩案貶謫黃州、以至貶謫惠州、儋州，蘇東坡可說是飽經挫折、嘗盡滄桑。然而蘇東坡卻靠著自己超越曠達的心靈與精神面對這一連串的風雨飄搖，不僅承擔這些漣漪水波、大風巨浪成爲生命歷程中的寶貴經驗，更將這些體認領悟轉化爲篇篇文采，融鑄文學生命。如果我們因此而說蘇東坡生性樂觀、閒適自怡，對於大起大落的際遇皆泰然處之，倒也不盡然。他不是也說：「宏材乏近用，巧舞困短袖。」（〈次韻答章傳道見贈〉）（註三）、「誤落世網中，俗物愁我神。」（〈次韻王定國書丹元子寧極齋〉）（註四）嗎？一首〈西江月——世事一場大夢〉，其實就是寫蘇東坡的貶謫心境。藉著詞作發抒內心慨嘆，表達人世無常的淒涼感受：

世事一場大夢，人生幾度新涼。夜來風夜已鳴廊，看取眉頭鬢上。酒賤常愁客少，月明多被雲妨。中秋誰與共孤光，把琖淒然北望。（註五）

但是可貴的是東坡並不因此而消極頹喪。初至黃州的失意就在躬耕田野、情寄山林的悠閒中被曠達情懷所取代。〈定風波——黃沙道中遇雨〉正是蘇東坡心情轉變的最佳明證：

莫聽穿林打葉聲，何妨吟嘯且徐行。竹杖芒鞋輕勝馬，誰怕，一簑煙雨任平生。 料峭春風吹酒醒，微冷，山頭斜照卻相迎，回首向來蕭瑟處，歸去，也無風雨也無晴。（註六）

由得意官場而外放杭州，由捲入詩案到貶謫黃州，又由初到黃州的失意轉爲寬心，東坡已然到達「我行無南北，適意乃所祈。」（〈發洪澤，中途遇大風，復還〉）（註七）、「我生百事常隨緣，四方水陸無不便。」（〈和蔣夔寄茶〉）（註八）隨遇而安之境界。

「黃州五年的貶謫生活，無疑的替他奠下了嶺南謫放生活的基礎。」（註九）嶺南人的親切和宜人景色，把他「岷峨家萬里，投老得歸無。」（〈望湖亭〉）。（註一〇）的心悸消除了，他在〈十月二日初到惠州〉就對嶺南的民情風物加以稱美：

彷彿曾遊豈夢中，欣然雞犬識新豐。……父老相攜迎此翁。……嶺南萬戶皆春色。……（註一一）

「風土食物不惡，吏民相待甚厚。」（註一二），讓東坡的謫居生活不失安逸，「報道先生春睡美，道人輕打五更鐘。」（〈縱筆〉）（註一三）更見人情風味。但是，章惇認爲「蘇子尚爾快活耶？」

因而主導的貶謫行動，卻又再次加諸蘇東坡身上，瓊州海峽，分隔了大陸與島嶼，也決定了蘇軾一家別置兩地的命運。紹聖四年(西元一〇九七年)四月，蘇東坡被朝廷貶爲瓊州別駕，昌化軍安置，告別寓居惠州生涯。對東坡來說，「萬事到頭都是夢，休休。」(〈南鄉子——重九涵輝樓呈徐君猷〉)(註一四)的現實苦悶與感慨多爲「夜色入戶，欣然起行。」(註一五)的秀逸情趣和「日啖荔枝三百顆，不辭長作嶺南人。」(註一六)的安居心情所取代，因此面對貶謫，蘇軾該已是坦然面對，無所畏懼。但是這一次，卻是必須渡海南行，離開大陸，遠到當時尚爲蠻荒的難困之地。一方面東坡已六十二歲，是否禁得起途勞累；一方面所至又是「地極炎熱，而海風甚寒，……燥濕之氣鬱不能達，蒸而爲雲，停而在水，莫不有毒。」(註一七)之處，難怪東坡對於這次的貶謫早已有心理準備，不抱生還希望。〈與王敏仲書〉便言：

某垂老投荒，無復生還之望，昨與長子邁訣，已處置後事矣。今到海南，首當作棺，次當作墓。乃留手疏與諸子，死則葬海外！

東坡以爲，這一生離就是永別，〈到昌化軍謝表〉所說的「子孫慟哭於江邊，已爲死別；魑魅逢迎於海外，寧許生還。」更加添了渡海時東坡心境的淒涼與絕望感受。然而東坡之所以爲東坡，正在於他超曠自由的胸懷，面對再不堪的境界終能坦然承受。史良昭先生云：「對於遠謫者來說，在流放的同時往往能得到一件意外的補償，那就是奇山異水的慰藉。」(註一八)東坡在仕途上的不順遂乃至於屢遭貶抑，甚至悲哀到入主荒蠻之地，不存任何希望之時，卻得到了恣意享受迥異內陸的島國風情之回報，「春江淥未波，人臥船自流。」（〈和陶游斜川─正月五日，與兒子過出遊作〉）（註一九）、「小圃散春物，野桃陳雪膚。」（〈五色雀〉）（註二〇）正是閑情東坡的怡然寫照。東坡忘卻貶謫之悲，遊於山水之間，同時對於黎民生活也多有重視，「總角黎家三四童，口吹蔥葉送迎翁。莫作天涯萬里意，谿邊自有舞雩風。」（〈被酒獨行，遍至子雲、威、徽、先覺四黎之舍〉）（註二一）就是儋州的生活記實，一方面言生活的純眞樸實，一方面也說明海南孩童亦能習文知禮，使荒陬之地也「書聲琅琅，弦歌四起。」（註二二）

從紹聖元年（西元一〇九四年）的哲宗親政，章、蔡用事，東坡被貶英州、惠州、以至於儋州，共歷七年，元符三年（西元一一〇〇年）東坡終於遇到大赦天下，從海南移廉州安置。「天其以我爲箕子，要使此意留要荒。」（註二三）「我本儋耳民，寄生西蜀州。」（註二四）南遷海外，東坡早已不抱回鄉希望，然而政權的移轉，卻又帶引著重回中原的契機，這無疑在東坡日漸平凡淡然的生命中又激起一些漣漪。總觀這貶居生涯，正是一段段悲喜交織的故事串連著，東坡一再的人生起落，心緒難免高低起伏，但是太多的遭遇，似乎造就了東坡「隨緣自娛」（註二五）、「隨緣委命」（註二六）的處世哲學，在明瞭這層意涵之後，再來體會這首北歸之詩──〈六月二十日夜渡海〉當更能深刻地明白東坡此時此刻的心情：

參橫斗轉欲三更，苦雨終風也解晴。雲散月明誰點綴，天容海色本澄清。空餘魯叟乘桴意，粗識軒轅奏樂聲。九死南荒吾不恨，茲游奇絕冠平生。

詩作首聯從渡海時所見的天象景色寫起：「參橫斗轉欲三更，苦雨終風也解晴。」參橫斗轉，是六月二十日「夜」間「渡海」北歸途中之所見，「欲三更」則是就所見景象所下的判斷。曹植的〈善哉行〉說：「月沒參橫，北斗闌干。」而《宋史・樂志・奉禋歌》也云：「斗轉參橫將旦，天開地闢如春。」參星橫空，斗宿位移，在中原來說是天將黎明之時所具的景象，而在海南的六月二十日，卻是三更時刻之所見，王文誥便說明了中原與海南之不同：「海外測星與中原異，蓋天水一體，皆高於北而南去則低也。……粵中六月下旬至天將旦，……東望則紫參亦上，若以此較六月二十日海外之二、三鼓時，則參已早見矣，……此句與內地不合。」（註二七）原來在三更時分的海外，早已能看見參星橫斜，北斗轉向。深夜北渡，東坡面對浩瀚宇宙、寧靜清波和閃耀星空，不禁發出內心的慨嘆：淫雨霏霏，終日暴風的惡劣天氣終於過去，取而代之的是一片清朗。「苦雨」是持續長久的綿雨（註二八），「終風」則是終日的大風（註二九）。苦雨終風，天氣陰霾，卻在渡海的夜裡改觀了，仰首望天，黑雲撥散，但見星斗臨空，晴朗天色終於驅散連綿風雨。因此「苦雨終風也解晴」是一種風雨後的寧靜心喜。就時間順序來說，「苦雨」句是先於「參橫」句的：

苦雨終風↓晴↓參橫斗轉

在風雨轉晴之後，抬頭仰望，方能見星光耀天，天氣是由雨轉晴，不也正代表詩人的心境像絕處逢生，柳暗花明又一村的欣喜嗎？表面上看來，這是夜間渡海所見的景色，但恐怕隱含的意義不只如此吧！貶謫生涯，雖然早已將東坡訓練得寧靜自得，不為仕宦功名所羈絆，但是對於朝廷的大赦，總也有撥雲見日的感慨吧！《詩經．邶風．終風》用終風比喻衛莊公的暴行狂亂，以東坡個性，當然不可能影射在位君主，但是或許隱喻朝政吧！朝政的變化，章惇、蔡卞的被黜，似乎朝廷將要出現新的局面。朝廷以德治國，福澤百姓，正是蘇東坡所希冀啊！即使身貶海外，東坡依然掛念家國，朝事有轉機，正如竟日風雨轉爲麗天，這是就隱喻朝事來說。另一方面，這二句也是東坡微妙心境的寫照。流放嶺南更至海外，當聞知被赦可北歸之時，尚有「餘生欲老海南村，帝遣巫陽招我魂。」（〈澄邁驛通潮閣〉）（註三〇）的疑問和略帶激情，但是眞正渡海時，卻又是一種風雨過後寧靜無波的心態，似乎一切不如意就在雨停風歇後畫下句點。

「雲散月明誰點綴，天容海色本澄清。」緊接著上句作反問語，也是對前句的「晴」進一步敍寫：「雲散月明」和「天容海色」是相對的，而「雲散」「月明」相對，「天容」「海色」亦各自相對，字句工穩，也生動地描繪出鮮明的形象：雲開月見，天宇透澈，星空皎潔，碧波清盈。而上句以「誰點綴」作問語，下句則用「本澄清」回答，上下呼應。這兩句表面看來是寫景——陰霾已散去，月色皎潔如白，還有什麼雲翳點綴青空呢？而青天碧海本來的面貌就是澄淨無垢，清新出塵的。但是東坡卻妙用《晉書．謝重傳》的典故（註三一），謝重爲會稽王道子之驃騎長史，一夜隨侍在旁，王道子嘆月色之美好，謝重言好月尚有微雲點綴，而王道子戲言謝重居心不淨，想弄污碧月。王道子和謝重的戲語給了東坡靈感，不僅契合渡海當時清風霽月的情景，也正是東坡磊落胸懷的自白。《東坡志林》卷八亦述云：「青天素月，固是人間一快，而或者乃云：『不如微雲點綴。』乃知居心不淨者，常欲滓穢太清。」東坡自己本是坦坦蕩蕩的仁人志士，心地光明，究竟是誰使浮雲遮蔽了月月呢？王文誥說「誰點綴」是「問章惇也」、「本澄清」是「公自謂也」。（註三二）競爭的激烈，使東坡成爲政治是非之下的犧牲品，如果將朝廷比爲明月的話，那麼點綴天空而蔽月的烏雲正是處心積慮想要除去與己意不合的人，而章惇不就是其中的代表嗎？如今章惇被黜，也正是「雲散」而「月明」之象徵，「本來無一物，何處惹塵埃？」光風霽月，清波粼粼，本來就不要任何事物來點染，而這不正是東坡內心寧靜的表白嗎？東坡的心靈超然出塵，就如同景前的景緻，澄靜如一，蔽月的雲散了，小人被罷，天下也終於得到澄清，也因此「天容海色本澄清」不僅是寫眼前之景，也寫天下澄清之感，更是表達自己內心不受污染的眞實境界。

前面四句，就字面上的表面意義來看，是屬於寫景之句，但卻在客觀的景致描寫中透露出東坡心靈的浮動。這四句在結構來說都是上半段寫景，下半段寫自己心緒感受：

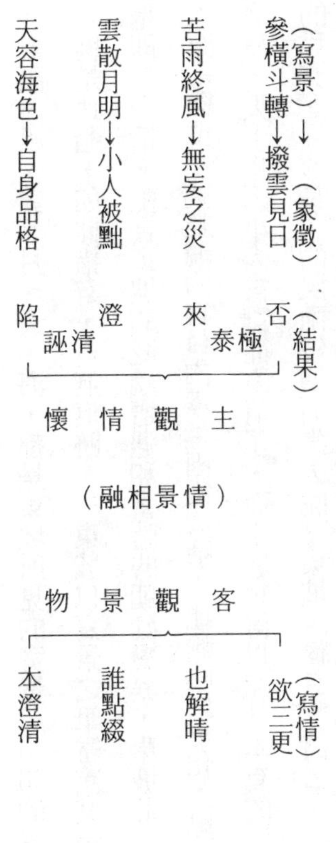

天容海色本澄清

參、斗、雨、風、雲、月、天、海，都是東坡所見的實景，句句的寫景卻都是詩人的感受。紀昀說：「前半純是比體，如此措辭，自無痕跡。」東坡以寫景之筆寄寓其情，句句都是渡海所見之景，但卻也都是即景抒情。配合東坡的貶謫遭遇和當時的朝廷變異，東坡此詩的言外之意便顯而易見了：哲宗病逝，徽宗繼位，被貶謫的官員內遷，雨後放晴，比喻時局變化，點綴天空的微雲散盡，天容澄清，海色也澄清，天下也因小人被黜而澄清了，而東坡也得以還其本有的澄清貌，自身高尚的品格又怎會因短暫的烏雲遮弄或長久的風雨侵襲而失去呢？東坡〈儋耳〉詩云：

霹靂收威暮雨開，獨憑闌檻倚崔嵬。垂天雌霓雲端下，快意雄風海上來。……（註三二）

暮雨放晴，倚山憑眺，雌霓下落，雄風海來，比喻的也是小人被罷的時局變化，並且也說明了東坡返鄉歸北的欣喜。和〈六月二十日夜渡海〉的詩意正相契合，兩相互看，更能明白東坡對於回歸內陸的眞切感受。快意雄風海上來，天容海色本澄清，大自然的客觀景象，在東坡的主觀領受下，呈現了更豐富的意涵。

詩作前兩聯寓情於景，側重描寫渡海時所見的海天秀色，後兩聯則是自身心緒更眞實的表白。「空餘魯叟乘桴意，粗識軒轅奏樂聲。」這兩句亦妙用典故。《論語．公冶長》載：「孔子曰：『道不行，乘桴浮於海。』」《莊子．天運》言：「黃帝張咸池之樂於洞庭之野。」對於這兩句，諸家說法或有不同，大體上有如下說法：

空餘魯叟乘桴意	粗識軒轅奏樂聲	詩句 說法代表
雖懷有如孔子浮海行道的意念，但早已不能不歸於幻沫泡影。孔子欲浮海行道而未果，而今自己雖曾浮海，卻無力行道。	咸池之樂是順乎人事、天理、合乎五德的至樂，比擬道家順應自然，亦即在宦海風波中早已除去榮辱得失。	劉乃昌
在內地與孔子同為「道不行」者，孔子欲到海外行道而不成，東坡雖去，但北歸之時，回想起來，並無實績以自慰，只空有孔子乘桴行道的想法留於心中罷了。	黃帝奏咸池之樂形容大海波濤之聲，粗識其實是熟識。東坡一生遭遇，代表中原文化的軒轅奏樂聲「始聞之懼，復聞之怠，卒聞之而惑。」	霍松林 侯會
本打算像孔子「道不行，乘桴於海」在海外了卻一生，那知朝廷又把他召回中原，只留下那乘桴海上的意願，沒有完全達成。	道家的修行才粗略懂得一些，但命運卻不允許他靜下心在海外修身養性，（「軒轅樂」是雙關語，亦可看作是：如今又得以聽到中原音樂）。	朱昆槐
東坡空有孔子當年乘桴的意願，但無夫子那樣崇高的道德學問。	不比孔子的道德崇高，不過粗識漢族的禮樂文化罷了。	吳子厚
東坡有孔子道不行，乘桴浮於海的意念。	東坡南渡後，亦像聽到黃帝的咸池樂那般，粗識一些玄妙之道。	金性堯
七年遠謫，還朝在望，不再流落海外。	回朝的消息傳來，何異耳聽雅樂之聲。	游國琛

這些說法又大致可以歸納如下：

乘桴 →可解爲渡海之狀態

乘桴意 →可解爲渡海之意願

老叟　乘桴意 →扣入「孔子」，可見是學習孔子浮海行道的意念，以之爲標竿

空餘老叟　乘桴意 →「空餘」
- A自己浮海，卻無實績，空有孔子行道之意（自謙）
- B原欲乘桴於海了卻此生，卻又爲朝廷召回，空留乘桴意願，沒有達成

奏樂 →表示音樂
- A表東坡心中似乎聽到音樂
- B表示渡海所聽見的波濤聲

奏樂聲

軒轅　奏樂聲 →「軒轅」
- A耳聞音樂是至樂（咸池之樂）
- B表示中原音樂

粗識　軒轅　奏樂聲 →「粗識」
- →A聆聽至樂去榮辱得失
- →B聆聽至樂，粗識玄妙之道（自謙）
- →C久不聞中原樂，如今將回中原，有似曾相識之感
- →D不如孔子道德崇高，只粗識漢文化（自謙）

綜合以上觀點，筆者以爲就文學的表面意義看，「乘桴」和渡海的狀態是相合的，而「奏樂聲」亦可解釋爲耳聞波濤之聲，因爲在寧靜的海夜裡，水波之聲亦清如樂，但東坡之意絕不是單純就表象來了解，他用了「魯叟」和「軒轅」的典故，便是寄託他的言外之意。蘇軾謫居海南，整治要荒，做了教化黎民的工作，無疑是功德一件，如今聞訊得以北歸，心中在歡喜之餘，對儋州又有一分不捨之情吧！〈儋耳〉詩說：「野老已歌豐歲語，除書欲放逐臣回。殘年飽飯東坡老，一壑能專萬事灰。」（註三四）村裡的野老正歌頌著豐收的時節來臨，而東坡也接到朝廷的詔書將拜新官，但東坡卻又希望寄殘生於丘壑之間，正是依依難捨之態。用這樣的意義體會「空餘魯叟乘桴意」，似乎表示東坡欲有孔子乘桴行道海外的心志，卻因爲一紙詔書，讓他修身養性、怡然於海外、化育島民，施法於黎眾的心志無法功成圓滿。而下一句的「軒轅奏樂聲」或以爲指道家修持的精神態度而言，或以爲指中原之樂而言。由於五六兩句是相對的，前一句的魯叟乘桴既有「海外」之意，此句的「奏樂」應指「中原」之音，那麼粗識軒轅之樂雖可能爲道家修行至樂之意，但更進一步的解釋當是表示返回內陸的意思，「粗識」固然是東坡卑謙之詞，但對於一個貶居海外千日，多年未見廣陸景致的人來說，早已對故鄉物色由熟識轉而爲依稀之記憶了，可見「粗識」含有記憶模糊之意。除此之外，此句亦隱含了雙重深層意義，「粗識」表達終於在南渡後得以北歸的欣喜之情，至少在完全「無識」之前終究能北返，這難道不足以令東坡高興嗎？但是「粗識」卻也表達了悲涼的另一面，離開中原故鄉，對於內陸的印象已經由「熟識」轉變爲「粗識」了，對於離鄉背井的人來說，少了一份故鄉記憶的慰藉，內心不是淒然的嗎？因此東坡此二句之意，應是說明他渡海北歸悲喜交織的心靈起伏。

然而東坡悸動的心緒卻非滿懷牢騷，經歷了艱辛的歲月，如今終得北歸，難免有情緒發洩，而東坡卻展現他無怨無悔的人生態度：「九死南荒吾不恨，茲游奇絕冠平生。」「九死」是運用屈原〈離騷〉所說的：「亦余心之所善兮，雖九死其猶未悔。」屈原以死明志，而東坡卻以其心力獻給海南人民，他的「九死」代表著置死生於度外，他抱持著的是隨遇而安的態度，來到「南荒」之地，是他人生再一次的波折，但是他失去了在內陸爲官的地位榮貴，卻得到了中原無可見聞的絕景奇色。流放生涯，東坡了無恨意，因爲他追隨的是孔子的行道思想，既來之則安之，「久安儋耳陋，日與雕題親。」（〈和陶、與殷晉安別，送昌化軍使張中〉）（註三五）「他年誰作輿地志，海南萬里眞吾鄉。」（〈吾謫海南，子由雷州，被命即行，了不相知，至梧乃聞其尙在藤也，旦夕當追，作此詩示之〉）（註三六）即使被貶到荒遠之地，東坡的精神依然在此異域風光之境開花結果，如今北返途中海上，不禁發出「茲游奇絕冠平生」之語，面對放逐，東坡不計窮達，尙且以爲奇絕，足以稱爲平生最璀璨的遊歷，這種經驗的超絕，不論是外在的景物宜人、民親如故，或者是東坡自身內在的心緒曲折，都是一段不可思議的奇異之旅。方回《瀛奎律髓》說：「當此老境，無怨無怒，以爲茲游奇絕，眞了生死，輕得表天人也。」茲遊奇絕不單純指這次渡海的所見景象，而是包含了儋州生活的所有歷程，而且更是這段生命中所擁有的收穫與結束。而東坡以此作結，也正表示謫居生涯的總結。

總論全詩，東坡藉著渡海的經歷將詩意加以擴大，顯見其人生旅途中所品嘗的憂喜。前半部以寫景入題，寄時局轉變於景中，用鮮明的形象比喻亂政害權的小人朝臣，也比喻堅貞不移存有如碧海青天本質的自己；下半部以孔子及中原樂的史載宣明其內心的波瀾翻騰，其中有自謙之意，也有心緒的表白，儼然涵蓋著人生哲理；末了以此生理想爲結，呈現對不平凡的異域生活無怨無悔的豁達胸懷。

雲散月明，天海本澄清，歷經折難，毫無怨尤，東坡超凡的人格，又豈是塵世間凡人所能習得的？「夢裡似曾遷海外，醉中不覺到江南。」（註三七）貶謫生涯，對東坡來說，就像夢境一場，一切失意都化爲煙消雲散。東坡說：「古今如夢，何曾夢覺，但有舊歡新怨。異時對，黃樓夜景，爲余浩歎。」（註三八）也許吾人在爲東坡的人生起落浩歎之際，更用心體會東坡的自在精神和淡泊態度，當會對人生境界有更深層的體悟，更加珍惜生命的過程與風采！

【註釋】

註一　哲宗元祐年間，東坡由禮部侍郎轉爲翰林學士兼侍讀，太后與皇帝均重用之，此時爲東坡官宦生涯之順境。

註二　東坡貶黃州、惠州、儋州，爲小人所迫害，故貶謫生涯佔東坡一生的極大部分。

註三　見王文誥，《蘇文忠公詩編註集成》，頁一九三一，臺灣學生書局，臺北市，民國七十六年十月第三次印刷。

註四　同註三，頁三二七三。

註　五　見龍榆生，《東坡樂府校箋》，卷一，頁一二一，華正書局，臺北市，民國七十九年三月初版。

註　六　同註五，卷二，頁一三八。

註　七　同註三，頁一八一五。

註　八　同註三，頁二一三八。

註　九　見羅鳳林，《蘇軾黃州詩研究》，國立臺灣師範大學國文研究所碩士論文，民國七十七年六月。

註一〇　同註三，頁三三三五。

註一一　同註三，頁三三五八。

註一二　見《東坡集》，〈與陳季常書〉。

註一三　同註三，頁三四六四。

註一四　同註五，卷二，頁一五七。

註一五　同註一五，〈記承天寺夜遊〉。

註一六　同註三，頁三四五二，〈食荔支二首其二〉。

註一七　見《儋州志》。

註一八　見史良昭，《浪跡東坡路》，〈儋州三年〉，頁一七四，漢欣文化事業有限公司，臺北市，民國七十九年十一月一日臺灣初版。

註一九　同註三，頁三五五〇。

註二〇　同註三，頁三五六八。

註二一　同註三，頁三五五四。

註二二　見王國憲，《重修儋州志序》。

註二三　同註三，頁三四八七，〈吾謫海南，子由雷州，被命即行，了不相知，至梧乃聞其尚在藤也，旦夕當追及，作上詩示之〉詩。

註二四　同註三，頁三五八四。〈別海南黎民表〉。

註二五　同註一二，〈答李琮書〉。

註二六　同註一二，〈與程德儒書〉。

註二七　同註三，頁三五八八。

註二八　東坡運用《左傳・昭公四年》：「秋無苦雨。」之語。

註二九　《詩經・終風》有：「終風且暴，……終風且霾，……終風且曀，……」之語，毛傳云：「終日風爲終風。」

註三〇　同註三，頁三五八六，二首其二。

註三一　《晉書・謝重傳》：「爲會稽王道子驃騎長史，因侍坐，於時月夜明淨，道子歎以爲佳。重率爾曰：意謂乃不如微雲點綴。道子戲曰：卿居心不淨，乃復強欲滓穢太清邪！」

註三二　同註二七。

註三三　同註三，頁三五八四。

註三四　同註三三。

註三五　同註三，頁三五五三。

註三六　同註二三。

註三七　同註三，頁三六二九，〈過嶺〉詩二首其一。

註三八　同註五，卷一，頁一〇四，〈永遇樂—彭城夜宿燕子樓夢盼盼因作此詞〉。

似無情而實有思

——論東坡詠物詞〈水龍吟——似花還似非花〉之情境

蘇東坡，這位宋朝大文學家，對於詞的發展有極大的貢獻。他開擴拓展了詞的風格和境界，把詞的內容觸及到懷古、詠史、感傷時事以及對友情、田園景致之抒寫，到了無意不可入，無事不可言的地步，並且一掃晚唐、五代以來柔弱纖細的氣息，使詞的生命活潑起來。

在他的詞中，有「大江東去，浪淘盡千古風流人物」（〈念奴嬌〉）的廣闊氣勢；有「燕子樓空，佳人何在」（〈永遇樂〉）的說夢心事；也有「十年生死兩茫茫，不思量，自難忘」（〈江城子〉）的思妻之作。在豪放詞、閨情詞之外，蘇東坡的詠物詞也有十分精采的作品，本文所要探討的，便是一首詠物詞——〈水龍吟・似花還似非花〉。

這闋詞是寫於宋哲宗元祐二年（西元一〇八七年），當時蘇東坡五十二歲。神宗崩殂後，他被調回開封，爲禮部郎中，遷起居舍人，又遷中書舍人。沒有多久，便成爲翰林學士。元祐二年，又兼任侍讀，將治亂興亡，邪正得失之意，向哲宗解說。這個時期的蘇東坡可以說是極爲平穩的宦宦生活。

這一年，他有一個朋友章楶（字質夫，建州浦城人）爲資政殿學士，直龍圖閣，詩詞於時亦頗富盛名，在開封寫了一首詠楊花的詞〈水龍吟〉。蘇軾讀了這首詞之後十分欣賞，於是在給章楶的信中說道：「妙絕，使來者何以措辭？」（見《詞苑叢談》）意即章楶的楊花詞寫得太好了，別人都沒有辦法再寫了。不過，畢竟蘇東坡的才氣不是常人所能比的。後來，蘇東坡便按照章楶的原韻，和了一首〈水龍吟〉。

在賞析這闋詞之前，有幾個問題可以先提出來說明。第一個是關於水龍吟調名的問題。水龍吟一名水龍吟慢、豐年瑞、鼓笛慢、龍吟曲、莊椿歲、小樓連苑、海天闊處。《塡詞名解》云：「水龍吟，越調曲也，采李白詩『笛奏龍吟水』，一名小樓連苑，取宋秦觀詞『小樓連苑橫空』之句。」《金玉集注》云：「水龍吟，越調。李賀詩：『雌龍怨吟寒水光。』」《詞調溯源》云：「水龍吟，周邦彥詞入無射商，俗呼越調。」易繫辭有提到「雲從龍」之句，而疏言：「龍是水畜，雲是水氣，故龍吟則景雲生。」可能正是詞名之所由來。釋名有解：「吟，嚴也，其聲本出于憂愁，故其聲嚴肅，使人聽之凄嘆也。」

水龍吟的字數不定，在一百零二字到一百零六字之間，《詞律校刊》就提到了《詞譜》收水龍吟調多達二十五體，有起句七字，第二句六字者；有首句六字，第二句七字者；有第三句六個字，第四句六個字的；也有將三四句十二個字拆成三句的。而以辛棄疾〈水龍吟．楚天千里清秋〉爲正體，其餘均爲變體。

水龍吟的平仄及押韻，以東坡此首爲例，當是：

｜一△｜一一，△一△｜一一｜韻△一｜｜，△一｜｜，△△｜｜韻△｜一一，△一一｜，△一一｜。△△一△｜韻△一｜｜，△一｜，一一｜韻△｜一△｜，｜一一，△一一｜韻△一｜｜，△一一｜？△一一｜韻△｜一一，△一△｜，△一一｜韻｜一一｜｜△一，△｜｜一一｜韻（一表平聲，｜表仄聲。△表可平可仄）

而此闋詞還有一個比較特殊的狀況，便是最後十三個字的句逗問題。此詞結尾的「細看來不是楊花點點是離人淚」，按一般格律，應標之爲「細看來不是，楊花點點，是離人淚」，即採五、四、四之句法，一如章楶原詞之「望章台路杳，金鞍遊蕩，有盈盈淚。」但大部分的注詞者多將之點爲「細看來不是楊花，點點是離人淚」（如汪師雨盦註譯之《宋詞三百首》、唐圭璋之《唐宋詞簡釋》）即七、六之停頓，而七字句又分三、四讀法，六字句又分三、三讀法。

這種情況，有人便指東坡此首是不合音律之詞（如《樂府指迷》、《詞潔》）。但仔細觀察，先去句逗問題，這十三個字的平仄聲調是「｜一一｜｜△一△｜｜一一｜」與格律完全相合，並無不諧平仄之處。故葉嘉瑩在其《靈谿詞說》中，便加以說明標點之不同，則因古人詩詞之讀法，原有以聲律爲準之讀法與依文法爲準之讀法二種。在說明賞析時，可以依文法爲準，而吟誦時則依聲律爲準。因此，將此十三字斷爲「細看來不是楊花，點點是離人淚」是依文法之斷句，那麼依聲律，便可將此斷爲「細看來不是，楊花點點，是離人淚」。在「是」字底下，可視爲「逗」，不視爲「句」，而「

點點」既是對楊花的描述，也是對「淚」的描述。

緊接著尙有一問題可提出討論，便是和詞之法。和詞之法有三，一爲同韻，即同用某韻；二爲依韻，即用其所用之韻而次序不必與之相同；第三種便是次韻，即韻部和次序的使用都要和原作者相同。東坡此首詞便是限制較多的第三類和韻。他和章楶同用第三部韻（平聲支微齊，又灰半；上聲紙尾薺，又賄半；去聲寘未霽，又泰半，隊半），且韻腳墜、思、閉、起、綴、碎、水、淚均次序相同。在這種侷限的規格中，東坡另闢新境，自出新意，成就不俗。

東坡此詞既爲和韻，便必需先就章楶的原作賞析一番，然後再看東坡之詞以資比較。章楶之〈水龍吟〉云：

燕忙鶯懶花殘，正堤上，柳花飄墜。輕飛亂舞，點畫青林，全無才思。閒趁游絲，靜臨深院，日長門閉。傍珠簾散漫，垂垂欲下，依前被，風扶起。

蘭帳玉人睡覺，怪春衣，雪霑瓊綴。繡床漸滿，香球無數，才圓卻碎。時見蜂兒，仰粘輕粉，魚吞池水。望章台路杳，金鞍遊蕩，有盈盈淚。

這闋詞上片的意思是：在燕子忙著築巢，鶯兒懶洋洋唱歌，花兒凋殘的時候，也正是河堤上的柳絮飄落的時候。這些柳絮輕飄飄的漫天飛舞，在青翠的林間點點灑落，沒有任何的目的。它們趁著風吹起絲絲的蜘蛛線，悄悄靜靜的飛進在長長夏日中緊閉門院的深深庭園。這些柳絮被珠狀串成的簾子擋阻而散亂，於是慢慢緩緩的往下落，但是卻又被風吹了起來。

下片之意，言芳蘭香的帳中，有一位漂亮的姑娘正在睡覺，醒了後，發現在春衣上，像沾上了雪花，綴上了玉片，幾乎漸漸把床都堆滿了。這些染上了芳香的柳絮球，剛才滾得圓圓地，卻又碎裂四散開來。時時可以看到蜜蜂身上粘了輕輕的花粉，池中的魚呑著水。而望章台的路途那麼遙遠，柳絮隨著配華貴馬鞍的駿馬奔跑遊蕩，就好像是朵朵淚花。

章楶之詞，一開始描寫了燕忙花殘的時刻，引出了楊花也正在此時飄落，將大自然的季節描繪得很鮮明。於是他開始刻畫這柳絮的物象；這些輕飄飄的小傢伙們從樹上蹦了下來，又裝著沒事般的搭了游絲的便車，溜進了深院大家。他們又跑到簾外一窺動靜，就在這個當兒風來了，讓他們翻了幾個觔斗，卻還是往裏鑽。於是終於進了人家的閨房，黏在人家的衣服，又在床上玩耍。這段新鮮活跳的畫面，實在不由得令人佩服章楶的描畫工夫，從被風吹落，到青林之中，再到院中、簾外，最末近了房中，層層逼近，由外而內，對楊花賦予了生命動感，讓人不禁認爲這楊花眞是調皮、可愛。

此詞之後段，以時時常見的蜜蜂粘著花粉，魚兒吃著水和遠遠的章台作做對比，一近一遠，將詞的意境由活潑鮮亮轉化爲淡淡的離愁。這位可人的姑娘，想到了章臺的遙遠，不禁生起愁緒，於是即使是裝飾著亮麗金顏的駿馬有柳絮的潤飾，看起來卻已不是活潑的柳絮，而像是朵朵的淚花。詞由喜轉悲，不多著痕跡筆墨而情境自然轉化。

一般人對此首詞評價不錯，甚至魏慶之《詩人玉屑》卷二十一還稱章楶詞：「所謂『傍珠簾散漫，垂垂欲下，依前被，風扶起』，亦可謂曲盡楊花妙處。」並認爲「東坡所和雖高，恐未能及。」

但是王國維則認爲此詞似是和韻，東坡之詞和韻而似原唱，認爲章楶是無法和蘇東坡相比的。章楶描寫楊花固然維妙維肖，也眞切的描繪了楊花飄飛的姿態，不過似乎都句句粘在楊花上寫，於是有「織繡工夫」之評論，少了蘇詞的超脫氣派。

東坡亦曾看過此詞而加以讚賞，但他卻仍能另闢境界，描繪出另一種風味：

似花還似非花，也無人惜從教墜，拋家傍路，思量卻是，無情有思。縈損柔腸，困酣嬌眼，欲開還閉。夢隨風萬里，尋郎去處，又還被，鶯呼起。

不恨此花飛盡，恨西園，落紅難綴。曉來雨過，遺蹤何在？一池萍碎。春色三分，二分塵土，一分流水。細看來不是楊花，點點是離人淚。

上片的意思是：這柳絮像花又不像花，沒有人愛惜，任憑它飄上墜下。它離開樹枝飄落到路旁，想想，它看起來好像無情，其實卻是落花有意。柔細的柳條，像是思念而受傷的柔腸，細長的柳葉，如同姑娘睏得睜不開眼睛。（或說是纏結的心思使我的肝腸寸斷，精神困倦，想打開眼睛，結果仍是閉上）於是在夢中，輕盈的柳絮隨著風飄盪萬里，尋找情郎的去處，正在夢酣之時，卻被鶯兒的啼聲吵醒了。

下片說柳絮將要飛盡，卻不會擔心，所擔心的是西園的落花很難再聚在一起。天亮的時候，一陣雨來，又把柳絮吹到那兒去了呢？在一池的春水中，落雨的柳絮好似細碎的浮萍。假使有三分春色的話，有二分歸於塵土，有一分隨流水東逝。細心的看了又看，好像不是柳絮，好像是離人的點點淚花。

首句言「似花還似非花，也無人惜從教墜」，詞一起，便把對象放在似與不似之間。歐陽修詞有「春風不解禁楊花，濛濛亂撲行人面」，謝道蘊言「柳絮因風起」使我們想像到春風中滿天飛舞的楊花，是大陸常見之景象。楊花，有花之名，而無花之實，它不嬌艷，也沒有芬芳氣味，說它是花，其實不是花；說它不是花，卻有花之名，到底是花還不是花，眞教人撲朔迷離了。而這種花，一到暮春，就如同雪花般的，紛紛從枝頭飄落，也沒有人憐惜。這一句，似由白居易「花非花，霧非霧」之句化出，然出手不凡，雖爲詠物詞，不僅詠物象，又寫人言情。劉熙載《藝概．詞曲概》稱此句「可作全詞評語，蓋不離不即也」。於是所謂人、花，物，情，當在不即不離間，不即，便不滯於物；不離，便契合描寫主體。即此句言，說它非花，卻名楊花，與百花開落，共渡春光，又送走春色。說它似花，卻無花香，不爲人所注意。而就在似與不似之間便教人不知珍惜而任由飄落。無人惜，顯現了天下惜花者多，而卻無人惜楊花的強烈對比。惜花則富有詞人濃郁的情感，也暗暗透出了作者憐惜楊花之意，也爲後面的雨後尋蹤跡埋下伏筆。

「拋家傍路，思量卻是，無情有思」三句，拋家，承「墜」字而來，拋，似是無情；而傍，卻好像又有思，無情有思，正如同似花還似非花。詞人由此，開始擬人化手法，如同一女子嬌弱無力的漂泊。詞人不言離枝而言拋家，好像眞是無情，如同韓愈〈晚春〉言：「楊花榆英（筴）無才思，惟解漫天作雪飛」，但卻又好像有思，如杜甫所計：「落絮游絲亦有情」（〈白絲行〉）。漸漸地，作者把楊花人格化了，而花人相合之態也漸露端倪。

「縈損柔腸，困酣嬌眼，欲開還閉」，抽象的楊花，至此已化成了一個有具體生命的春日思婦形象。這位閨中少婦，在暮春天氣裏，思念遠人而柔腸縈結，因春天困倦而嬌眼還閉。明寫思婦而暗寫楊花，不正是將人與物相合了嗎？無情有思，到此已變成有情有思了。

「夢隨風萬里，尋郎去處，又還被，鶯呼起」，此段言思婦之神，又攝楊花之魂，誠如前所言不即不離之間。從思婦來說，懷人不至，因而牽引出一場惱人的夢境，於是她神魂隨夢境而遠赴萬里，尋找日思夜念的情郎，然而還未找尋到，卻被鶯斷好夢。此處暗用金昌緒：「打起黃鶯兒，莫教枝上啼，啼時驚妾夢，不得到遼西。」（〈春怨〉）的詩意，但蘇試寫來又覺哀怨，卻又輕靈飛動，寓傷感於飄逸之中。

上片寫盡了楊花的特性與飄零的命運，而下片一轉，描寫因楊花而勾起之傷春情感。「不恨此花飛盡，恨西園落紅難綴」，詞人以落紅陪襯楊花，無論萬紅凋零，或是楊花飛盡，都意味著花事將盡，春色將逝。杜甫〈曲江〉云：「一片花飛減卻春，風飄萬點正愁人。」春天即將逝去，而所思念之人卻未歸來。所謂「不恨」者，正如前「似花」、「非花」，「無情」、「有思」，「無人惜」、「有人惜」一樣，在「不恨」與「恨」之間，迷離撲朔之中卻暗藏了深刻的情思。此段可說是作者之感，一說是由思君之女子眼中寫來亦無不可。而有人以為，蘇東坡此句似有影射「人之邦瘁，惄然夢國之思」（見汪師雨盦注譯之《宋詞三百首》）國家之離亂，且置於此文中，不論其是否眞爲如此。

「曉來雨過，遺蹤何在？一池萍碎」，楊花實在是禁不起雨打的，所以雨後，漫天飛舞「似花非花」的楊花，竟無聲息的消失了。蘇東坡自注云：「楊花落水爲浮萍，驗之信然。」但果眞如此：「柳絮入水化爲萍」嗎？這恐怕只是癡人說夢吧！然而在詞人眼中的抒情詩詞，又何必拘泥於不合科學的語句呢？既然如此，我們也可以不泥於此說，把他說成楊花不見蹤跡，即連春水中亦只是一池破碎的浮萍，不正爲「遺蹤何在」的柳絮更添思念之意嗎？在這裏，詞人深刻的表達了一種濃厚的惜花之情和春去之恨。

「春色三分，二分塵土，一分流水」，春色居然可以分，這實在是很奇妙的想法，不過卻也其來有自。唐詩人徐凝〈憶揚州〉說：「天下三分明月夜，二分無賴是揚州。」宋初詞人葉清臣的〈賀聖朝〉也說：「三分春色二分愁，更一分風雨。」，蘇東坡當以葉詞爲藍本。此三句承「曉來雨過……」句而來，如果我們站在蘇東坡立場，以爲柳絮楊花化爲一池萍碎，那麼和此相應，則「一分塵土」與「拋家傍路」相呼應；「一分流水」與「一池萍碎」一意相承。就這樣楊花就葬在池水中，春天不也是一樣，三分的春色，不是葬於塵土，就是付諸流水，於是春也無覓，楊花也無覓，詞人的惜春之情已到達峰頂。

「細看來不是楊花，點點是離人淚」，此句回應了上文的思婦，「細看來」是作者的主觀感受。在景中帶有深情，而情中亦有景，由眼前的流水，想到思婦的淚水，又從思婦的淚珠中，帶出楊花。到底是似離人淚的楊花，還是似楊花般的離人淚？似與不似，虛與實間，究竟何者才是呢？其實我們也不必強要分辨它們，因爲作者不是一開始就說「似花還似非花」嗎？有無、似不似正是呼應此句，不論離人惜花或是花惜離人，不都情何以堪嗎？曾季貍《艇齋詩話》說此處用了唐人詩句「君看陌上梅花紅，盡是離人眼中血」而「奪胎換骨」，但這種楊花情離人淚的合一情感，又豈是梅花紅眼中血所能比擬的？難怪鄭文焯要說此句有「畫龍點睛」之妙了。

「眼前有景道不得，崔顥題詩在上頭」是李白見了崔顥之詩有感而言。在面對章楶刻畫得如此鮮活的詠物詞之外，東坡造就了另外一種境界的詠物詞，把人、物、情合寫，運用了他的情感，驅動對象的動作和情節，而以濃厚的情感收束全篇，令人不禁爲暮春時分，楊花飛舞的有情世界，掬一把同情之淚。

關於章楶原作和蘇東坡和韻之比較，宋人朱弁在《曲洧舊聞》中說道，章質夫的詠楊花寫得清麗可喜，而蘇東坡的和作看起來好像豪放不合聲律，可是細看，其音韻是很和諧柔美的。宋人晁沖之則認爲，蘇東坡的詞好像王昭君和西施，天然長得美，洗淨臉後，能與天下任何美女相比。章質夫的詞比起來就是像抹了濃妝的婦女，雖然也不錯，但終究還是沒有蘇東坡的詞好。張炎也說東坡的詞起句便高出一頭，後半片愈來愈奇，眞是壓倒古今。而王國維更認爲在和韻受限制的情況下，寫出的詞質總是比不上原作的，但蘇章之作正好相反，反是唱和的優於原作品。不過魏慶之倒是爲章楶打抱不平，他甚且認爲東坡之詞比不上章楶之詞。那麼，到底誰的詞寫得較好呢？恐怕是見人見智吧！不過，如果要我選擇的話，我覺得蘇東坡確實技高一籌，寫得比章楶更出色。因爲不論就寫作筆法，描寫內容、詩歌情感來看，東坡詞都細膩，豐富得多，將有情世界描繪得栩栩如生，讓煙雨暮春的景象，深深地烙印在讀者的心中。

附錄一：東坡化用前人之詩詞

㈠似花還似非花

白居易——〈花非花〉

花非花，霧非霧。夜半來，天明去。來如春夢幾多時，去似朝雲無覓處。

㈡無情有思

韓愈——〈晚春〉

草樹知春不久歸，百般紅紫斗芳菲。楊花榆莢無情思，惟解漫天作雪飛。

㈢又還被、鶯呼起

金昌緒——〈春怨〉

打起黃鶯兒，莫教枝上啼。啼時驚妾夢，不得到遼西。

㈣春色三分、二分塵土

徐凝——〈憶揚州〉

蕭娘臉薄難勝淚，桃葉眉長易覺愁。天下三分明月夜，二分無賴是揚州。

㈤二分塵土

陸龜蒙——〈惜花詩〉

人壽期滿百，花開惟一春，其間風雨至，旦夕旋爲塵。

附錄二：集評

朱弁《曲洧舊聞》：「章質夫楊花詞，命意用事，瀟灑可喜。東坡和之，若豪放不入律呂。徐而視之，聲譜韻諧婉，反覺章詞有織繡工夫。」

魏慶之《詩人玉屑》：「章質夫詠楊花詞，東坡和之，晁叔用以爲『東坡如王嬙、西施，淨洗腳面，與天下婦人鬥好，質夫豈可比哉』，是則然矣。余以爲質夫詞中所謂「傍珠簾散漫，垂垂欲下，依前被，風扶起」，亦可謂曲盡楊花妙處。東坡所和雖高，恐未能及，詩人議論不公如此耳。」

張炎《詞源》：「東坡次章質夫楊花水龍吟韻，機鋒相摩，起句便合讓東皮出一頭地，後片愈出愈奇，眞是壓倒今古。」

沈謙《塡詞雜說》：「東坡『似花還似非花』一篇，幽怨纏綿，直是言情，非復賦物。」

李攀龍《草堂詩餘雋》：「如虢國夫人不施粉黛，而一段天姿，自是傾城。」

許昂霄《詞綜偶評》：「與原作均是絕唱，不容妄爲軒輊。」

劉熙載《藝概》：「鄰人之笛，懷舊者感之，斜谷之鈴，溺愛者悲之，東坡水龍吟和章質夫詠楊花云：『細看來，不是楊花，點點是離人淚』亦同此意……似花還似非花，此句可作全詞評語，蓋不離不即也。」

王國維《人間詞話》：「東坡水龍吟詠楊花，和韻而似原唱，章質夫詞，原唱而似和韻，才之不可強也如是……詠物之詞，自以東坡水龍吟爲最工。」

唐圭璋《唐宋詞簡釋》：「（水龍吟）此首詠楊花，遺貌取神，壓倒古今……先遷甫稱爲『化工神品者』，亦非虛譽。」

參考書目

1. 北宋六大詞家　劉若愚著，王貴苓譯　幼獅文化事業公司
2. 宋詞三百首箋　朱孝臧箋　廣文書局
3. 宋詞故事　王曙編著　貫雅文化事業有限公司
4. 宋詞蒙太奇　劉逸生著　天山出版社
5. 東坡樂府箋　龍榆生校箋　華正書局
6. 重樓飛雪　龔鵬程選註　遠景出版社
7. 唐宋詞精選百首　王師熙元選　地球出版社

8.唐宋詞簡釋　唐圭璋釋　宏業書局
9.唐宋詞鑒賞辭典　唐圭璋主編　新地出版社
10.唐宋詩詞評注　陳師滿銘等　文津出版社
11.雪泥鴻爪　朱昆槐選註　獅谷出版社
12.詞人之舟　琦君著　純文學出版社
13.詞林紀事　楊家駱主編　鼎文書局
14.詞林探勝　周宗盛著　水牛出版社
15.詞選註　虞元駿選注　正中書局
16.蘇辛詞比較研究　陳師滿銘著　文津出版社
17.蘇東坡詞　曹樹銘校編　臺灣商務印書館
18.靈谿詞說　葉嘉瑩、繆　鉞合撰　國文天地雜誌社

唐代小說〈板橋三娘子〉探析

壹、前言

一、討論動機

非現實生活的題材，以浪漫虛幻的色彩來渲染心目中的理想時空，是志怪的作者表達內心對於外在世界的體驗感受，可說是作者在現實生活壓力下，產生超現實社會的寄託方式，而這便是志怪所以流行在政權更迭、戰禍紛起的六朝之重要因素，於是假託神道鬼怪，佐以妖術來解決事件，便成了人民的求安定的願望所在。這樣的寫作態度到了唐代有了改變，早期的唐代小說，雖仍有志怪風格的作品產生，如〈古鏡記〉、〈遊仙窟〉等，言古鏡降妖、仙人鼓瑟等奇異情事，但比起六朝人的寫作意識卻更進一步。六朝人雖有寄託思想之存在，但尚不脫離傳錄舛訛的面貌，而唐代的志怪，卻是作者「有意識地去虛構一些爲主題開展、爲人物性格描寫服務的情節。」（註一）也就是說唐人雖沿襲六朝志怪搜奇誌異的形式，但卻有更加濃厚曲折的故事情節來統馭全篇，也較能發揮反映現實、塑造生活理想之外的藝術形象——如對於奇聞異事的宛轉敘述、人性化的描寫視鏡、行妖變法的細節刻畫、玄機高潮的製造，這可見志怪之名雖同，但思想內容與藝術形式有差異，也可說是唐人小說的志怪篇章，是「藉六朝鬼神志怪的題材來反應現實社會。」（註二）而又跳離六朝的窠臼，呈現更豐富的美感與故事張力。對於這些唐代志怪小說的探討，更可說是在探究愛情婚姻、宮廷鬥爭、俠義遊歷的題材之外另一條可進行的路徑，因而本論文選定唐代志怪小說以爲研究對象。

江湖險惡，恐怕是自古而有之的社會狀況，而「黑店」這樣一個場景，似乎又令人聞之喪膽，使人懷有恐懼心理，但是如果作者能夠在描寫黑店故事中加入人性化的描寫、安排戲劇性的承轉，更能用充滿趣味幽默的筆調以緩和緊張懸疑的情節，無疑可吸引讀者隨著曲折起伏的敘述產生興味，而〈板橋三娘子〉正是這樣一篇含有恐怖、懸疑、輕鬆、詼諧等多重面貌的故事。正如王師夢鷗所云：「〈板橋三娘子〉設想奇特，饒有諧趣，後人摹寫江湖『黑店』，此當爲其楷模之一。」（註三）基於這一緣故，筆者選取這篇作品，嘗試對此篇小說加以分析，希望能夠透過以下的說明析論，使之呈現較完整的風貌。

二、討論重點

在討論〈板橋三娘子〉這篇故事之前，有幾個問題必須先提出：

1. 專文介紹、分析此篇作品之資料缺乏，不若研究他篇故事可博採衆議或加以論判，故不易作最深入的批評探討。

2. 故事的寫作背景不詳，僅可從故事中提到「元和中……」判斷是唐憲宗（甚至晚到唐穆宗長慶年間）時代的作品，因此是否「黑店」的描寫等同於當時社會的一種現況反映，仍有待證實。

3.作者不詳，或以爲是薛漁思（如大陸學者周晨），或以爲是孫頠（如葉師慶炳）而新舊唐書或才子書又不見此二人之傳，難以明瞭作者眞正寫作動機，只能以推測而揣摩其意，但大體上王師夢鷗認爲此篇爲當時流行於中下層階級間的所謂「市井小說」傳奇故事，是無庸置疑的。

4.唐代小說如〈柳氏傳〉描寫的韓翊（韓翃），〈長恨歌〉描寫的貴妃、安祿山等人物多見於史傳，而〈板橋三娘子〉的人物不見史傳，故無法看出作者是否有意以故事中的人物影射某人或加以批判的現象產生。基於這些原因，故本文將討論重心置於作品本身的藝術呈現，著重情節結構、人物刻畫及表現手法的分析，同時也嘗試從故事中得到彰顯的主題。

貳、情節結構分析

一、故事的發展脈絡

在故事中，對於人物和事件的安排組織，是構成佈局的重要工作，作者對於作品的結構佈局，首先蘊釀於內心，成熟之後，便對於人物出場先後和主、次要人物的搭配、事件之間的接續加以處理，亦即先具結構於胸中，而後以興工。〈板橋三娘子〉的結構安排以人物簡介爲起，接著展開場面描寫，忽而人（配角）變爲驢子，忽而主角亦變爲驢子，發展至最後的結局，主角又變回四年前舊貌，使事件得到解決。我們可以說，故事大體上均圍繞著「變化」的過程做爲中心加以描述，約略可分爲四個部分：主角背景介紹→主角施法術使人變驢→主角回復人形。

故事一開始告訴讀者的是內容所發生的場景所在，人物來由，讀者便能在作者的描寫中得知女主角的背景資料。照理說，一個虛構的故事，作品中呈現的人物、地點均由想像而來，但作者卻「僞裝成眞有其事（或者作者眞信其有）」（註四），於是強調是傳聞的實錄而不是虛構，所以詳細的告訴讀者事件發生之處所，這點從「汴州西有板橋店，店娃三娘子者……」、「元和中，許州客趙季和……」均可看出作者有意加強小說的眞實性而作此安排。

在敘述人驢的變化之前，作者藉著「然而家甚富貴，多有驢畜。」透露訊息，加強故事的合理發展，也使故事的前因後果貫串連接，即如金聖嘆言：「前文先露一個消息，使文情漸漸隱隆而起，……」（註五）而也因爲三娘子如此富有，驢畜衆多，因而使故事的來龍去脈得到自然而不唐突的解釋。

作者安排女主角的背景介紹，主要引出後來的夜宿客及趙季和的宿板橋店之經過，從宿店、選榻到飲酒作樂、客人醉倦、三娘子回室，作者似乎如記流水賬一般於事必錄，尤其在三娘子的燃燭作法之段，作了相當詳細的描寫，透過趙季和的眼中所見，作者強調的是出神入化的製餅過程，作者捨棄了以輕描淡寫或精簡凝縮的處理方式，而是呈現一個完整生動、奇異新鮮、富有變化的畫面，這可以說是將故事逐漸帶入高潮，也可見作者將一事一物的具體描寫發揮得淋漓盡致。

由於製餅帶有奇異色彩，亦啓人疑竇，於是故事發展便將此神秘色彩通過夜宿客都變爲驢子的事例得到揭示。如果故事的發展到此便作一結束，雖然可稱明快，但卻缺乏曲折性，所幸作者特意安排趙季和這樣與衆不同（註六）的人物，將故事帶入另一波高潮，這應可說是作者構思情節匠心安排。

作者安排趙季和再宿板橋店，似乎不合毛氏父子所謂「事不雷同，文亦不合掌。」（註七）的「妙文」要素，因爲這段故事「前面都已說過，不過改換姓名，重疊敷衍（註八）云耳。」（註九）以情節描寫應力求變化而言，這兩段事件都是人變爲驢的過程，只是變者（變人者、被變者）角色改換而已，說不上有什麼特殊安排，但仔細探究，卻可發現作者在描寫上仍力求變化，如：

製餅過程——前詳細、後僅言「一依前所爲」

變人者成功因素——三娘僅靠法術爲主、趙季和以機巧取勝

人物對立——三娘子以一對衆、趙季和以一對一

也因此即使事件雷同，卻仍產極大的戲劇性發展。

故事末尾，出現解決事件的老人，使即將山窮水盡的情節再度生發。原本讀者以爲三娘子就此成爲趙季和的奴隸，爲其驅使，不料作者又在文末銜接上出人意表的新波瀾，讓故事又再起戲劇性轉變，最後並以「更不知所知」呼應前文的「不知何從來」，使故事起於奇又以奇收尾，也使得作者藝術構思中強調「變化」的特點更加明顯。

綜觀〈板橋三娘子〉的事件發展，呈現的是完全的情節結構，也就是說唐傳奇中常見的作者論斷故事人物功過是非（史筆）及旁白、運用詩詞等非情節因素，是本篇所沒有的，這也使得讀者對於這樣的故事脈絡和人物評賞有充分的個人見解可以發揮，當然也更能呈現最原始純粹的故事面貌。

二、常與非常的起伏結構

前面所敘述之部分是對於作者安排佈局結構的方式作一評介，此處將以「平常」和「非平常」的創作思維方式加以討論（註一〇）。

〈板橋三娘子〉中，常態與非常態的行動相互交織，甚或有常與非常的界線模糊不易明白分辨者。也可以說平常與非常一般而言是極顯明且對立的（如客先至者據便榻是正常行爲、趙季和製餅是不正常行爲），但也有時是相融的（如三娘供諸客甚厚，表面行爲卻隱藏不正常的元素），從下面分析便可看出：

本文	情節結構	常與非常 ⊙表示常 ☆表示非常
汴州西有板橋店。	點明地點增加眞實性。	⊙
店娃三娘子者。不知何從來。	主角出現，爲非常之人。	☆
寡居。年三十餘。無男女。亦無親屬。	由不知何從來，再增其懸疑性。	☆
有舍數間。以鬻餐爲業。	平常與不平常難辨。	?
然而家甚富貴。多有驢畜。	懸疑性再深一層，重點在「驢畜」。	☆
往來公私車乘。有不逮者。輒賤其估以濟之。人皆謂有道。故遠近行旅多歸之。	看似平常，實則非常，藉「有道」、「歸之」而引出非常事件。	☆

原文	分析	符號
元和中。許州客趙季和。將詣東都。過是宿焉。	由平常而入非常，因詣東都而宿於板橋店。	⊙→☆
客有先至者六七人。皆據便榻。	符合人性，平常行爲。	⊙
季和後至。得最深處一榻，榻鄰比主人房壁。	進入非常地點，點明原因後果。	☆
既而三娘子供給諸客甚厚。夜深致酒。與諸客會飲極歡。	主客間之正常行爲，但甚厚之供給隱含非常。	⊙ ☆
季和素不飲酒。亦預言笑。	看似平常，然亦言季和與他人不同。	⊙☆
至二更許。諸客醉倦。各就寢。	正常行動。	⊙
三娘子歸室。閉關息燭。	正常行動。	⊙
人皆熟睡。獨季和轉展不寐。	進入非常平常的前兆。	☆
隔壁三娘子。悉窣若動物之聲。	非常的開始，聽聞奇音。	☆
偶於隙中窺之。	尋求解答的方式。	☆
即見三娘子向覆器下。取燭挑明之。後於巾廂中。取一副耒耜。並一木牛。一木偶人。各大六七寸。置於前。含水噀之。二物便行走。小人則牽牛駕耒耜。遂耕床前一席地。來去數出。又於廂中。取出一裹蕎麥子。受於小人種之。須臾生。花發麥熟。令小人收割持踐。可得七八升。又安置小磨子。磑成麵訖。卻收木人子於廂中。即取麵作燒餅數枚。	非常能力的展現，詳述變化奇幻的過程。	☆

有頃雞鳴。諸客欲發。	轉入平常。	⊙
三娘子先起點燈。置新作燒餅於食床上。與客點心。	待客之道，似平常之舉，但充滿危機	⊙☆
季和心動遽辭。開門而去。既潛於戶外窺之。	平常中含有非常的行爲。	⊙☆
乃見諸客圍床。食燒餅未盡。忽一時踣地。作驢鳴。須臾皆變驢矣。	非常態的快速變化，由人形轉變爲動物。	☆
三娘子盡驅入店後。而盡沒其貨財。	表面平常實則非常。	⊙☆
季和亦不告於人。私有慕其術者。	危機解除，但又將引出另一次事件。	⊙☆
後月餘日。季和自東都回。	自然。	⊙
將至板橋店。預作蕎麥燒餅。大小如前。既至。復寓宿焉。三娘子歡悅如初。	非常動機。	☆?
其夕更無他客。	非常時期。	☆
主人供待愈厚。夜深。殷勤問所欲。季和曰。明晨發。請隨事點心。三娘子曰。此事無疑。但請穩睡。	平常的主客對話，但隱藏非常。	⊙☆
半夜後。季和窺見之。一依前所寫。	奇異能力的再現。	☆
天明。三娘子具盤食。果實燒餅數枚於盤中訖。更取他物	平常行動。	⊙
季和乘間走。以先有者易其一枚。彼不知覺也。	非常時機的非常行動。	☆
季和將發。就食。謂三娘子曰。適會某自有燒餅。請撤去主人者。留待他賓。即取己者食之。方飲次。三娘子送茶出來。季和曰。請主人嘗客一片燒餅。乃揀所易者與噉之	將三娘子導入預設之陷阱。	☆

纔入口。三娘子據地作驢聲。即立變爲驢。甚壯健。季和即乘之發。則盡收木人木牛子等。然不得其術。試之不成。	三娘子變爲驢形。	☆
季和乘策所變驢。周遊他處。未嘗阻失。日行百里。	一般描寫。	⊙
後四年。乘入關。	平常敘述。	⊙
至華岳廟東五六里。路傍忽見一老人。拍手大笑曰。板橋三娘子。何得作此形骸。	奇特老人之出現，非常。	☆
因捉驢謂季和曰。彼雖有過。然遭君亦其矣。可憐許。請從此放之。	爲變形物求情。	⊙
老人乃從驢口鼻邊。以兩手擘開。	異術。	☆
三娘子自皮中跳出。宛復舊身。	變回人形。	☆
向老人拜訖。走去。更不知所之。	結局回復平常，但又具懸疑性。	⊙

我們可以發現，在「常與非常」的簡單分類中，卻是「隱藏又暴露著錯綜複雜的訊息。」（註一一）如果我們將正常定位在水平線上，而將非正常定位在較水平面稍高處，用線條連接，正可表示故事情節的高低起伏，同時非平常的因素出現，常常是引導故事走向奇特、高潮的指標，所以故事發生在常與非常的起伏結構中曲折進行著。當然，並不是說只有〈板橋三娘子〉才有這種常與非常的起伏結構，許多唐人小說也有這種情況，只是藉此印證在這樣的敘述模式中，似乎和故事描寫的人變動物、動

物變人的「變化觀」十分契合，忽而常、忽而非常；忽而人、忽而驢，不正是變化多端、營造新奇的藝術構思嗎？

叁、人物形象的描繪

一、個人的藝術形象

德國作家萊辛說：「（作者）的職責就是加強這些性格（指人物的形象），以最明確地表現這些性格。」（註二二）在這篇故事中，夜宿客、三娘子、趙季和與老人是故事中的表現對象，這部分將逐一探討傳奇作者所呈現的人物之藝術形象。

㈠、夜宿之客

夜宿之客的出場是整體的而非單一的形象，在故事中，作者並未用具體和細膩的描寫來顯現夜宿客的性格，而且著墨並不多。我們可以看到作者對客者的描述是：

> 客有先至者六、七人，皆據便榻。
>
> 三娘子供給諸客甚厚。夜深致酒，與諸客會飲……諸客醉倦，皆就寢。……皆熟睡。
>
> 有頃雞鳴，諸客欲發。……諸客圍床，食燒餅未盡，忽一時踣地，作驢鳴，須臾變驢矣。

作者就像是一個冷靜的旁觀者，平實的描寫客宿者的行動和遭遇，仔細讀來，可以發現這些人物就是十足的「平凡之人」的代表，「據便榻」、「會飲極歡」、「皆熟睡」，其實就是最人性化的寫照。

作者對此人物的描繪對讀者來說，雖沒有十分強烈的震撼力，卻是眞正人類生活本身的現實形象。

當一群平凡衆生碰到頗具神通的三娘子，高下便判，果然這些人在形體上產生強烈的變化，難逃變爲驢子的下場。「一時踣地，作驢鳴」是作者對人轉變爲驢的形象與音聲之描寫，作者雖然沒有直述其感受，但似乎傳達了小人物身不由己的悲哀之訊息，亦即表示奇特幻術具有對平凡人物的主控權，畢竟凡人在與妖法的戰爭中常是落敗者，而這群不幸宿於板橋店的旅人就是在無法對抗外來奇異妖術的情況下，失去人形、人情與判斷力。

(二)、三娘子

故事的開始，作者就安排主角出場，一句「不知何從來」就足夠吸引讀者對這位來路不明人物的注意力。接著作者又說：

> 寡居，年三十餘，無男女，亦無親屬。……然而家甚富貴，多有驢畜。

在讀者看來，作者至少應有像〈任氏傳〉所描寫的「容色殊麗」、「妍姿美質」等讚美之詞或如〈霍小玉傳〉所言：「音樂詩書，無不通解。」的內在學養等形容字句的著墨，但出人意表的，作者對於三娘子這樣一個主要人物卻缺乏容貌的素描，也不描寫女性的嬌柔、姿態，反而極力著筆於非個人內心世界（性格）的外在環境、經濟狀況。其實這正可看出作者安排，因爲在這個傳奇故事中，容貌、姿態等女性特有的著筆點對於事件的影響是微乎其微的，反倒是其財力的豐厚、又沒有親人共同生活、共同經營事業的特點，才是凸顯這個人物的懸疑性的關鍵。這樣一個人物，隱藏了以妖術制人的眞實面貌，而以方便行爲的「有道」形象出現，無疑是作者匠心的安排。

故事安排三娘子的眞正出場，是一個極懂得待客之道的殷勤女子之形象，既能供給甚厚，又與客會飲極歡。而在二更之後，也如常人般歸室息燭。此時的三娘子宛如單純人物，無異衆人。但不久之後，三娘子以行妖術者的身分出現，作者筆下的三娘子有條理的進行他的步驟，由挑明蠟燭、取耒耜木牛、木偶人、喬麥子到花發麥熟、收割、作燒餅，每一個步驟的進行，都像是引導讀者進入更深層的疑惑中，也對這樣的人物產生更大的好奇。於是，三娘子人物形象逐漸詭異，終於，我們看到了三娘子的眞正面貌：一個以法術誘客爲驢，私呑其財物的「土匪」。

由此可以看出作者塑造三娘這個人物是十分高明的，作者不直接刻劃一個「土匪」形象，而是在週遭環境與異常行爲表現中顯出機杼。

在作者的描繪中，三娘子雖有妖術，行爲亦不光明，但也頗有人性化的一面，如趙季和再至，三娘子所表現的「主人供待愈厚」、「歡悅如初」，就是待客之道。（當然也有可能是作者故意用欣喜、厚待的虛僞表象來說明三娘是欣喜於又有「願者上鉤」。）

總歸來說，作者所描寫的三娘子大約有下列的形象：

1.三娘子是一個貪於財物，披著有道外衣，不惜以妖術制服旅人以滿足慾望的無道者。（由盡沒諸客之財、變人爲驢的行爲可看出。）

2.三娘子是頗有謀略而且行事冷靜者。（由勸客飲酒、製作燒餅等事件可看出。）

3.三娘子亦懂得應對之理。（如接待客人之殷勤，又如得老人之救恩，尙知拜而謝之。）這樣看來，作者筆下的三娘子就呈現了不同的風貌和形象，這使得讀者不應對三娘子只有負面評價，亦應對其光明面加以重視。

㈢、趙季和

趙季和是作者刻意塑造的人物，也因爲有趙季和，才能和三娘子產生衝突，使故事充滿戲劇意味。作者將趙季和塑造成一個拒絕飮酒、輾轉不寐與其他客人截然不同的特有形象，而他的警覺性也非他人所及，靠這些條件，趙季和得以保身而未受到傷害。

就此看來，一個拒酒、機警的正面形象似乎是作者賦予趙季和的全部評價，其實不然，作者筆下的趙季和竟然深懷私心而又「不告於人」，趙季和的性格也就凸顯出來了，也因爲這種欲得其術以供私用的心理和不告他人的非君子個性而引出下文更進一步的行動。

趙季和的沈著果斷，深思謀略，表現在他事先備妥燒餅的行爲，以及他和三娘子的從容應對，尤其換餅技術的乾淨俐落，更令人印象深刻。可是緊接而來的，卻是趙季和滿足私心和不講人性的醜陋面之呈現。

總而論之，趙季和是唯一能脫離三娘子法術變化的客者，作者先描摹的是正面形象，而隨著故事的逐漸發展，讀者所看到的趙季和的慾求心理，甚至比三娘子還來得強烈：

1.製餅之行爲已隱含有行惡的企圖。

2.盡收木人及木牛子等，動機可疑，若習得妖術，下一步是？？？

3.三娘子變驢，「即乘之發」，且「遭君亦甚矣」達四年之久。

可見作者筆下趙季和的心理世界並沒有悲憫同情的成分存在，反而是深沈城府內含熾烈的操縱慾望。

(四)、老人

作者對於「老人」的描寫僅呈現在結尾的部分。老人以趙季和的「忽見」出場，帶有傳奇性，拍手大笑的動作和聲音，是開朗個性的表現，而最重要的是他有著三娘子和趙季和所沒有的同情心。奇特現身、開懷大笑、有悲憫之心就是老人的形象，在故事中老人也可說是甘草人物，具有緩和趙與三娘子關係的作用。而更要注意的是老人有將動物變爲人形的能力，這也是結束趙季和與三娘子主從關係的關鍵。

由此可見，作者筆下的老人是：

1.和三娘子、趙季和的作爲強烈對比的人物。（趙氏及三娘子做的是把人變爲驢子以供私用；老人所做的是把驢子變爲人，還其原貌，解決困難。）

2.具有神奇色彩，特殊功能的異人。（知驢子爲三娘子所變、知三娘子遭君甚矣、能以手擘驢子之皮。）

總論作者所描寫的人物各有特色，或有鮮明的個性，或在其個性中滲有多種元素，呈現微妙的心理轉變，或多重人格，使這篇傳奇小說的人物呈現豐富的性格風采。

二、人物的交互關係

在〈板橋三娘子〉的故事中，女主角是三娘子，她主導了故事的前部分，而趙季和則可說主導事件後半部分的男主角，老人則是在結局之前才露面的人物。除此之外，先於趙季和住於板橋店的六、七位客也影響事件的發展過程。由於老人是後來才加入的人物，在此先不提出討論，待後文再述。那麼我們可先就三娘子、趙季和及六、七位客人與驢之間的關係以圖表示：

㈠、三娘子——趙季和——夜宿之客——驢子

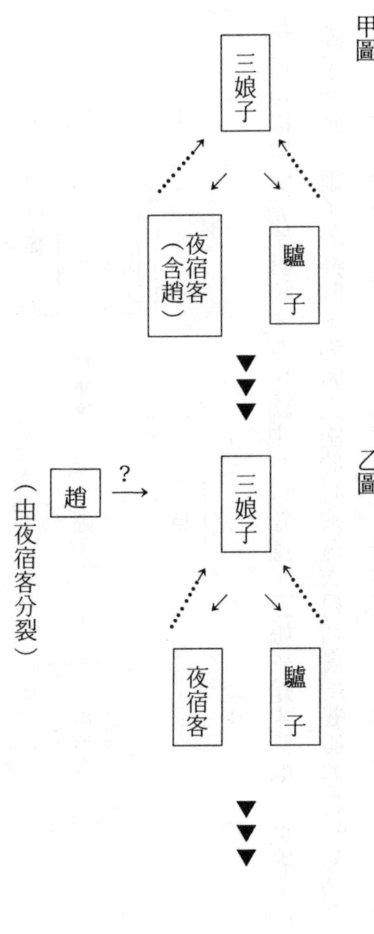

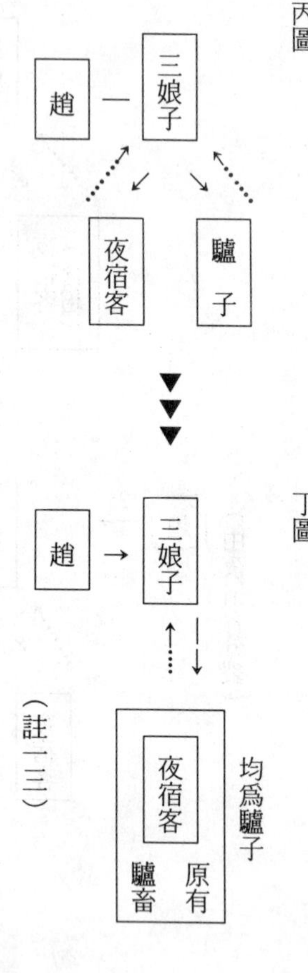

（註一三）

我們可以從甲圖開始分析。在甲圖中可以知道，三娘子是主宰驢子與客人的隱形「黑手」，在此之時，驢子受到三娘子的控制，而客人由於必須在次日清晨用餐後方起程繼續各人路途，所以在三娘子內心的計算中應已把所有留宿的客人視爲自己的財產，即將擁有所有權，當然連趙季和也不例外，在這個時候，驢子和宿客間尚未有線索加以連繫。（其實故事一開始就提到「家甚富貴，多有驢畜」就已透顯某種訊息，而此處只是就甲↓丁圖的發展演變而言。）而客人與驢子相同之處，可以說均是受制於三娘子者。

故事的發展到了第二階段，乙圖所示，趙季和目睹奇異的幻術，「隙中窺之」的結果使他「心動遽辭」，於是他從諸客人單獨分裂，也逐漸脫離變成驢子的危機，但這並不表示趙季和的處境絕對安全，他必須要謹愼潛藏而不爲三娘子所發現，因爲倘若趙季和爲三娘子所發現，那麼後果可想而知。

但是既然趙已從客人中單獨跳出，似乎就表示他和其餘諸客是不同的。至少他所處的危險不若他人立即。在文中僅提到趙季和的行動是「即潛於戶外窺之」，作者未對其心理變化加以剖析描寫，因此我們不能妄下斷言，在這個節骨眼時候的趙季和是否仍懼於三娘子法術的威脅中，但是我們可以說無形的危險仍然是存在的。

故事到了下一階段，即是丙圖所表示的狀況，此時趙季和已由事件中的人物轉變爲旁觀者，完全脫離了夜宿客人的身份，轉眼間，衆客都轉化爲驢子，也就是說，夜宿之客和驢子之間的關係由此建立，夜宿客也由人變驢的過程而成爲驢子的一部分。當然受制於三娘子的情況也不遑多論了。

故事到了第四階段，即丁圖所示，此時由夜宿之客所變成的驢子已經和三娘子原有的驢子融合在一起，均爲三娘子的私有財產，成爲她甚爲富貴的賺錢工具。這時趙季和早已不屬於夜宿客，但和三娘子的關係卻因爲趙季和的單向羨慕再度連接，也爲下半部的故事開啓另一道門。

故事一開始，三娘子就引導一切，而走筆至此，三娘子仍是中心人物，一切變化均操之在她，不管是驢、是人，都像是一群待宰羔羊，任由擺佈。她有權利變賣驢子，又能在賤價售驢後補上「新貨」，這不禁啓人疑竇，她之所以家甚富貴，多有驢畜，恐怕就是一再的出口進口、出售補貨，累積而來的成果。這些「遠近行旅多歸之」的情形便是在「有道」行爲的虛僞外表之下，成爲三娘子賺錢的保證。而不管是事件發生前即是驢子身份的「人」（或眞正的「驢子」），還是由夜宿客變成的驢子，似乎都是順從的象徵，在受到身懷法術的異類的操縱之下，身心均有巨大轉變。

表象↓由人變爲驢（故事描寫十分具體。）

思想↓判斷能力喪失（或可由三娘子盡驅驢入店內，盡沒其財而沒有受到驢的反抗看出。）

行爲↓絕對順從（同前。）

言語↓由人語轉爲驢聲（故事中有敘述。）

故事後半部分，趙季和以偷天換日的方式讓三娘子遭遇夜宿客人相同的處境——由人形變爲驢子，讓三娘子的地位產生強烈的遽變，由控制者轉而爲被馴服者：

趙季和↑……↓三娘子（驢子）

事實上在三娘子尚未變爲驢子之前，兩人的微妙關係就已經產生，一個是興奮於肥羊即將入虎穴，將妖術如法泡製，殊不知對方早已有備而來，此時的三娘子自以爲仍是控制的一方；再看另一方的趙季和，再過此地，復宿於板橋店，目的是實行他的計謀，由於他曾親眼目視三娘子的法術，於是想以其人之道還治其人之身，這時的趙季和才是眞正主控的一方，這一段事件中，輸家是原本自信將再添一驢畜的三娘子，而趙季和則是贏家。（不過趙季和恐怕不能稱爲「眞正的贏家」，因爲他所得到的結果不過是把三娘子變成驢子而已，至於他所羨慕的以木牛子製餅之法術卻無法成功。）作者又多一段敘述言：「季和乘策所變驢，周旋他處，未嘗阻失，日行百里。」更令讀者加強趙季和主控三娘子的印象。

如果故事到此告一段落倒也無妨，但是作者又安排另一位奇妙人物的出場，那就是華岳廟附近出現的一位老人。這位老先生的出場有如曇花一現，可是卻將故事中人物的關係導入另一層境界：

㈡三娘子——趙季和——老人

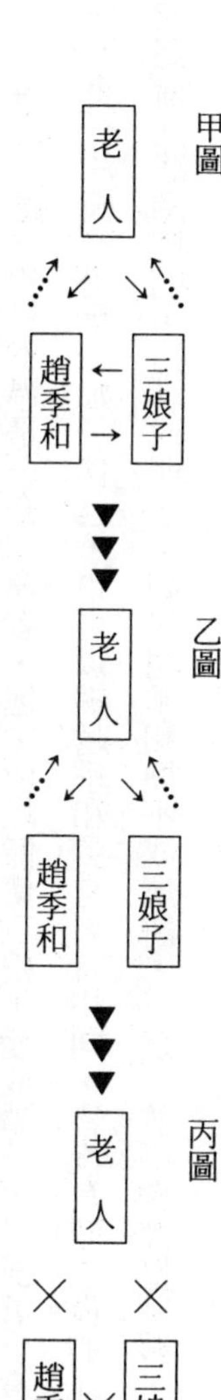

就三娘子和趙季和來說，本來的制服與受制關係已然決定，可是老人顯露他的法術之後，三娘子則不再受到趙季和的擺佈，換句話說趙季和失去了他控制三娘子的優勢；而對趙季和來說，老人作了變驢子爲人形的決定，恐怕也控制著趙季和的決定，因爲不待趙季和回答是或否，老人已採取行動。

故事到此漸進尾聲，而人物的層次地位似乎也十分明顯：

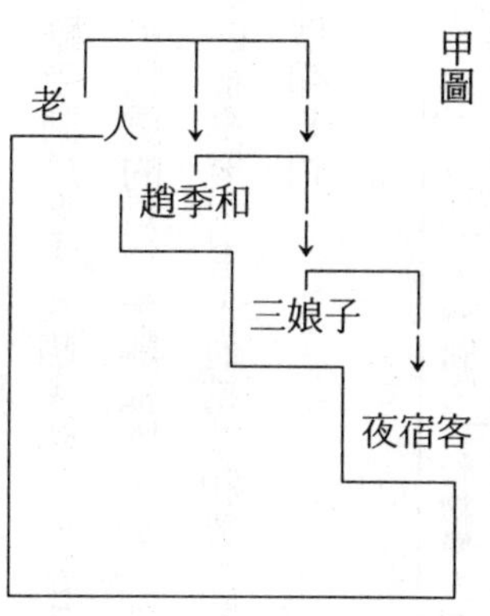

→（表控制地位）也就是老人爲最高層次的，他主宰趙季和、三娘子；而趙季和則略勝一籌；三娘子則雖受制於老人及趙季和，但卻主控居宿客之人；唯有客人始終都是故事中的弱勢群體。但是故事中的人物眞的是這種關係嗎？老人能夠在人變爲動物之後，又將動物變爲人形，無疑是故事中能駕馭主導的最高層次者，而趙季和雖然將三娘子變爲驢子，看似本領高於三娘子，但實際上和三娘子所做的行爲卻是相同。

人物	人變動物	動物變人
老人	*	*
趙季和	*	
三娘子	*	

再說，趙季和只不過是一介幸運者，他之所以能使三娘子變成驢子，是靠著自身的智慧和機巧，眞正實行法術的仍是三娘子自己，也可以說趙季和與常人有相同，皆沒有變法術的能力，只是警覺性較高而又略顯聰明，這就說明了：如果趙季和換不成燒餅，三娘子並不會被他制服，但是故事的呈現卻是會法術者屈服於不會法術者之下，或者可以改變前文的圖示爲：

乙圖

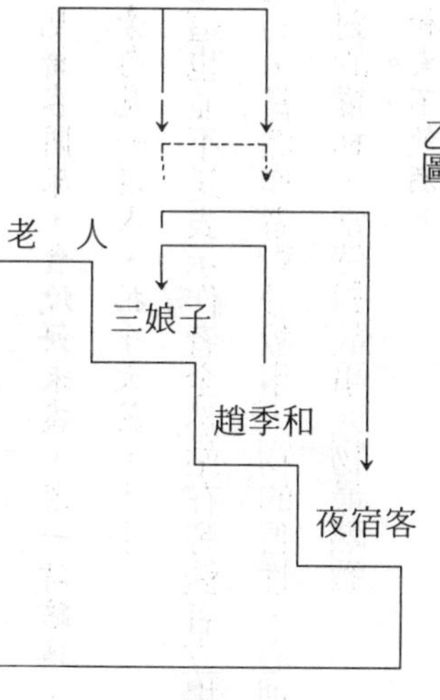

（註一四）

肆、敘述觀點與語言風格

一、敘述觀點與方式

敘述觀點是小說的敘事者觀察描寫事件的視角，在〈板橋三娘子〉的故事中，作者大體是站在第三人稱的客觀敘述立場，以記載事件爲主，沒有表達作者個人對於故事中人物的好惡、批判等意見。可以說作者對於事件的描寫相當於一部紀錄片的忠實記錄者，著重在呈現事件的原貌，而不摻雜自己主觀的說明、意見或價值判斷。也可說作者是一個傳達奇異女子的幻術變化、人生遭遇的媒介者，單純地執行陳述的任務。

這和〈柳氏傳〉的作者以主觀的史論之筆對故事中的人物加以品評的寫作態度並不相同，作者從故事開頭的「汴州西有板橋店」，一直到結尾的「更不知所之」，其實是三娘子這一段人生際遇的現實寫照。作者站穩他旁觀者的立場進行故事人物的介紹與描述：

店娃三娘子者，不知何從來，寡居，年三十餘，……有舍數間。

元和中，許州客趙季和，將詣東都，過是宿焉。

作者以介紹方式帶領故事的主人翁出場，純粹是忠實的報導者。除此之外，對於事件的過程，作者也站在旁觀的立場冷靜表達其所見所聞：

即見三娘子向覆器下，取燭挑明之。……

乃見諸客圍床，食燒餅未盡，忽一時踣地，作驢鳴，須臾皆變驢矣。

路旁忽見一老人，拍手大笑。……

但是這也並不是表示作者全然站在旁觀者立場而不介入人物的心理狀態。其實故事中的人物是作者所塑造的，當然作者對於故事人物的習性、心理瞭若指掌（作者喜歡賦予某個人物特有的性格或習性擁有絕對的權利，當然對故事人物最熟悉。）

季和素不飲酒。

季和心動遽辭。

> 季和亦不告於人，私有慕其術者。
>
> 三娘子歡悅如初，……殷勤問所欲。

這時的作者介入人物的心理狀況，暫時脫離冷靜旁觀者的立場，也稍微改變了客觀敘述觀點，但這樣的描寫方式，並不會破壞故事的完整性，反而使讀者可以了解主人翁在遭個別的事物時所反映出來的形象。

就敘述方式而言，〈板橋三娘子〉是以人驢之變爲主幹統馭全篇的，這其中隱含有故事發生前的客變爲驢，明顯描述故事進行時的夜宿客變爲驢、三娘子變驢、三娘子變回人形等部分，作者將這些事件勾聯起來，而用正敘的方式表達出來。

故事依照時間，對於事件的發生過程依序進行敘述。整體來說，〈板橋三娘子〉描寫的是類似三娘子的遭遇記錄，講一人數事，故可以說是正敘到底，用圖表示便是：

（不知何來）　　　　　　　　　　　　　　　　　　　　（不知何去）

？→三娘子的來→三娘子的行妖過程→三娘子被制過程→三娘子爲老人所救→三娘子的去→？

至於在敘述人物的立場方面，作者是用開門見山的手法將主角簡介一番，因此故事開始敘述，便將鏡頭集中在三娘子的身上，至於另一個主角趙季和與其他角色如夜宿之客及拍手大笑的老人則是在適當時機出場，這種敘述方式大體便是唐傳奇作者的共通點，而〈板橋三娘子〉也不例外。

二、語言風格——文字乾淨

「文字乾淨」（註一五）應該是〈板橋三娘子〉所呈現的語言風格，作者運用靈活的筆調，將事件作詼諧富趣味性的安排，顯得俐落而活潑。尤其是寫法術發生效用時的用語，和「變化迅疾」的神通特徵相互配合，如諸客圍床，而後：

食燒餅未盡，忽一時踣地，作驢鳴，須臾皆變驢矣。

作者用「忽」、「須臾」的字眼，強調事件發生如迅雷不及掩耳的快速變化，正是呈現一種快的效果。故如張載所云：「神爲不測，故緩詞不足以盡神。」（註一六）作者正是以急語表現神通的事件，呈現快速畫面。

對趙季和再臨板橋店的事件描寫，作者採取詳細抒寫和精要點明二種方式，例如故事中提到三娘子「歡悅如初」、「一依前所爲」均用很簡單的一句話凝鍊意涵，但對於趙季和如何使詐以克制三娘子的行動卻用極細膩的手法描寫，三娘與趙季和的動靜變化，敘述生動，使讀者產生如見其事，宛然在目前的感受：

三娘具盤食↓三娘取物↓季和換餅↓季和就食↓不食三娘製餅↓食己之餅↓三娘送茶↓三娘食餅↓三娘變餅……

作者言「更取他物」、「彼不知覺也」都是事件中的關鍵情節，三娘變驢，是出人意表的安排，但卻在作者巧妙的語言運用中，使環節相扣的事件發展到合理的接續。

〈板橋三娘子〉的語言風格是乾淨靈活，可說是快速畫面的呈現，因此就作品中可見的文字來看，對話出現的情況極少，僅出現一次：

主人供待愈厚，夜深，殷勤問所欲。季和曰：「明晨發，請隨事點心。」三娘子曰：「此事無疑，但請穩睡。」

對話的呈現可使故事的鏡頭集中點在兩個人物的身上，但〈板橋三娘子〉卻鮮少運用對話方式，當人物說話時，多僅有單方面的意見描寫而沒有對方回答的話語：

季和曰：「請主人嘗客一片燒餅。」乃揀所易者與噉之。

老人……因捉驢謂季和曰：「彼雖有過，然遭君亦甚矣。可憐許，請從此放之。」老人乃從驢口鼻邊，以兩手擘開……

似乎故事中說話的一方具有強烈的命令口吻，雖句句均言「請」，但卻都不待對方的回應即採取行動。雖然這種描寫方法降低了對話所產生的劇情衝突性，但卻也使全篇「快」的風格更加顯明，無疑是與〈霍小玉傳〉、〈李娃傳〉等作品出現大量的對話大異其趣。

伍、故事特徵的呈現

一、神通能力的呈現

漢魏六朝的志怪小說中，具有神通怪誕色彩的故事不可謂少，到了唐代，幻術神異的故事依然存在，《太平廣記》就搜集羅列幻術故事，如〈天竺胡人〉，描寫一天竺胡人來渡江南，「有幻術，能斷舌吐火。」又如〈胡媚兒〉，有將萬線變粟米，入瓶而為蟻的特異功能。〈板橋三娘子〉亦搜於《太平廣記》中的幻術之類，而故事中所具有幻術能力者，不僅主角一人，還有另一位具神通的老人，這似乎又和其餘諸作稍有不同。在志怪傳奇的故事中，神通似乎是奇異人事的身分證，俞汝捷先生曾說：「神通大約有個特點：一為出神入化，令人不可思議；二為變化迅疾，讓人猝不及防。」（註一七）〈板橋三娘子〉的故事中，三娘子所展示的神通能力在於變異人身體而為驢，但是她的幻術能否成功的前提，必須視客人食其所製的燒餅與否而定。假設客人均不食餅，那麼三娘子的計謀就完全失敗了，她的神通也就無法顯現。但是作者還是讓三娘子的幻術得到發揮效果，卻依然保留了破除幻術傷人的一線希望。

食餅變驢算起來只是一種幻術下的必然結果，嚴格說來，真正的幻術應是製餅的過程。在故事的敘述中，從取耒耜開始，經歷含水噀二物、耕地、種麥、收成、磨麵、成餅等過程，符合「出神入化，不可思議」的條件，但是似乎複雜了些，我們可以設想，如果三娘子神通夠強的話，只要念念有辭或者運用某些特殊功能，不必經過播種收成的階段便可以迅雷不及掩耳的速度讓人變驢。就食餅變驢的時間來看，客人才吃下餅就搖身變成另一種形象，卻令人猝不及防，可是就三娘子施行幻術的時間來看，似乎又稍長了些。不過從現實世界的觀點來看，從種稻撒種到收成製麵，總要經歷春秋季節，而三娘子可以在數時辰中從容完成，恐怕不能說太慢吧！

三娘子的幻術在於操縱奇異小人、木牛的本領，也就是她的幻術神通是建立在這些小東西之上。

而故事中的另一個特異人士，卻是不必憑藉外在任何物品，即能立竿見影，大顯神通。眼睛、雙手，幾乎衆人均有相同功能，只不過視力好壞，雙手力量略有差異，可是似乎平常眼睛和雙手，卻是老人展示神通的利器。故事中的老人見到驢形的三娘子就能一眼看穿，可見他超人能力的眼光；以兩手擘開驢的口鼻之處，三娘子的人身便從驢皮中跳出，而且絲毫沒有形貌的改變，這又是出神入化，變化迅速而令人覺得不可思議。頃刻實現，更加突顯老人的神奇，三娘子和他比較神通能力，恐怕眞要自歎弗如了。

二、詼諧趣味的興發

人變爲驢，驢變爲人，是故事中的主線。事作中有令人驚異的發展，也頗有詭譎的氣氛，可是吾人似乎可以不必用太嚴肅的態度面對這篇小說，如果細細品味，當發現人驢之變的過程也充滿著趣味與戲劇性，如同周晨先生所說的：

> 這篇（按：指〈板橋三娘子〉）受到志怪小說的影響，人變動物，動物變人，詭異變幻，構思很奇妙。……顯得活潑有趣。（註一八）

整篇文章中，出現不少有趣的畫面，例如三娘子要施法之際，「悉窣若動物之聲」，我們可以想像一個女娃不安的形象，或許是怕吵醒了旅客，使計謀失敗，所以便小心翼翼地搬動器物，躡手躡腳地行動，殊不知正被隔壁房的男士趙季和所偷窺，這不是很有趣的畫面嗎？

三娘子施行法術的工具，才只有六、七寸大的小木牛、小木人，而三娘子一噴水，小東西竟然活動了起來，小木人趕著小木牛來來去去的耕耘方寸之地，而後出現的小磨子，竟然也有磨成麵粉的實用性，這麼細小的「工具」（以現代眼光看恐怕只能說是玩具吧！）也能把事情做得有板有眼，不禁使人發出會心一笑。

故事後來出現老人拍手大笑的畫面，老人當然是笑三娘子的「驢」樣，因此王師夢鷗云：「以路旁老人拍手大笑之辭解之，寓訓誡於戲謔，頗得今人所稱『幽默』之趣。」（註一九）就這一點看來，似乎作者在安排人與動物之間的變化是經過考慮的，當然作者不太可能把人變成動物的形象設定在兔子、貓或羊之類的動物，因為在故事中的動物必須具有乘載的作用，那麼為什麼作者不把「變」的對象設定為馬呢？這應當是一個很有趣的問題，筆者嘗試著找線索，發現在《世說新語．傷逝篇》中有二則事件是：

王仲宣好驢鳴，既葬，文帝臨其喪，顧語同遊曰：「王好驢鳴，可各作一聲以送之。」赴客皆一作驢鳴。（二〇）

武子喪時，……子荊後來，臨屍痛哭，賓客莫不垂涕，哭畢，向靈床曰：「卿常好我作驢鳴，今我為卿作。」體似眞聲，賓客皆笑，孫舉頭曰：「使君輩存，令此人死。」

事件所敘述的本來是「傷逝」之痛，因憶起逝者生前雅好聽聞驢聲，於是便在送葬時學驢鳴叫，想不到引起意外的效果，畫面就好像一場笑劇，不是挺滑稽的嗎？又如戴叔鸞氏，他的母親喜歡聽驢叫，於是他常常學驢的叫聲讓母親高興。可見魏晉之人喜好驢鳴，常以驢鳴為取樂之活動，再來看這篇故事，或許魏晉的好驢叫的風氣未衍至唐元和年間，但也並不表示作者不知道這樣的風俗，如果作者略聞如此習慣，或許從中得到靈感呢！當然這都是推測之語，或許作者在以「驢」爲故事角色之選取中並沒有這層考慮，這恐怕要留待往後有更豐富資料再加以考證了。

故事末尾，老人變法，兩手一掰，驢皮自動裂開，竟然出現了一位女娃兒，有沒有「笑」果，自不待言。

三、奇特巧合的串連

故事之所以吸引人，必須要有回折的情節，動人的事件，而在〈板橋三娘子〉中，當以神奇變化爲最吸引人之特色。故事之所以呈現的奇與變，其實是在事件進行中作者所安排的一連串「巧合」而形成的，也可以說，如果作者沒有利用諸多巧合的因素，那麼故事或許就不那麼精采，也不易爲閱讀者所接受或喜愛。

〈板橋三娘子〉的一連串巧合奇異，可以說多發生在趙季和的身上。我們可以從趙季和的出場開始探究，首先是趙季和「將詣東都」、「過是宿焉」，如果趙季和不去東都，也就不會有夜宿板橋店的情事了。接下來的巧合是已有六、七人先到客棧，早已佔據便榻，使得趙季和無從選擇，只有至最深的一榻，與主人房最爲靠近，這不又是另一個巧合嗎？

接下來的飲酒之會，又是只有趙季和不曾沾酒，更巧的是諸客都睡著了，偏偏獨有趙季和「轉展不寐」，於是看到了特異景象。

故事發展到了趙季和再詣客棧，事先作好蕎麥燒餅，而且是「大小如前」，在數理不甚發達時代，我們實在很難想像趙季和利用目測的方法便能將燒餅尺寸牢記在心，絲毫不差——這當然是作者的奇特安排。

待到天明，三娘子將燒餅放在盤中之後「更取他物」，使趙季和乘機易換燒餅，「彼不知覺也」，這又是另一次巧合，如果三娘子雙眼就盯著趙季和看，且不離一步，或者趙季和換餅之舉爲三娘子識破，那故事就說不下去了，所以當然是這樣的巧合奇特，讓故事得以進行。華岳廟的老人出現也是一種巧合，如果趙季和不到華岳廟附近，可能不會遇見老人，也就不會失去驢子，而三娘子也不會回復人身，但是這個巧合終究是遇上了，也因此故事有了尙稱圓滿的結局。

就整個故事來看，事件的進行中有許多岔路，只要其中一個路口有不同的選擇，故事就要改寫了，而這一連串的奇巧，如果用圖表可以表示如下：

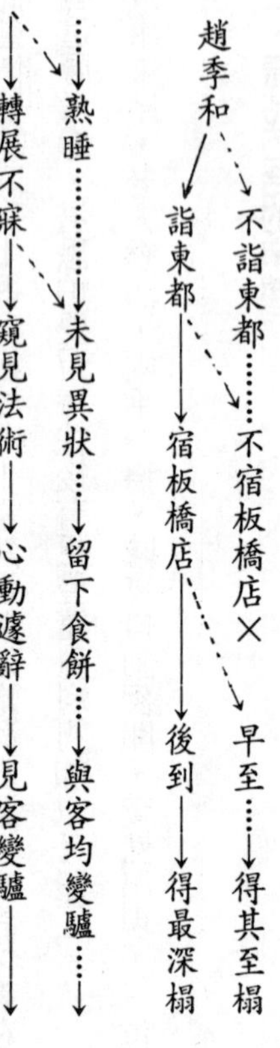

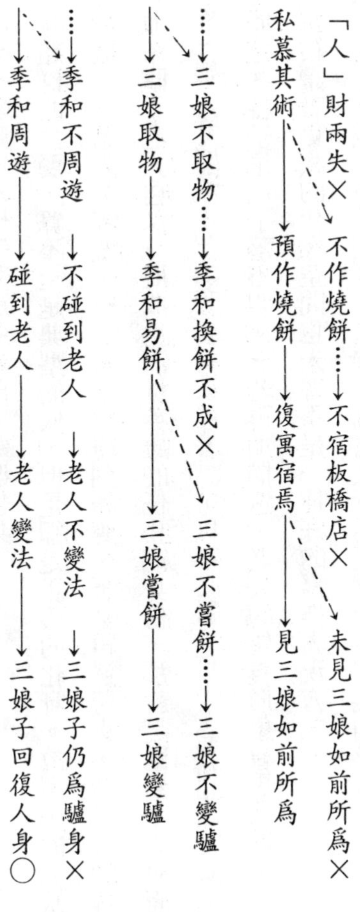

「人」財兩失× ……→不作燒餅……→不宿板橋店× ……→未見三娘如前所爲×

私慕其術→預作燒餅→復寓宿焉→見三娘如前所爲

……→三娘不取物……→季和換餅不成× ……→三娘不嘗餅……→三娘不變驢

→三娘取物→季和易餅→三娘嘗餅→三娘變驢

……→季和不周遊 →不碰到老人 →老人不變法 →三娘子仍爲驢身×

→季和周遊→碰到老人→老人變法→三娘子回復人身○ （註二一）

四、俠義形象的表現

社會動亂所引發的風暴便是人類生活在其中沒有安全感，於是小說作者常把解決事件、拯救社會的希望寄託在有俠義的人身上。唐盛時期故事中的俠，常是愛情故事的催生者，有俠的出現似乎就多有愛情成功的保證。但是隨著世局的驟變，宦官當權的時代裏，皇帝都有被廢的危機，更遑論一般百姓，於是俠義之士就成爲人們信賴的對象。在〈板橋三娘子〉的故事中，三娘子、趙季和似乎都曾是俠的化身，但是眞正的俠，可能是故事末尾才現身的老人。

一般說來，「俠」所呈現的形象大概是：一、路見不平，拔刀相助——具有正義感，愛打抱不平，主動解決他人困難；二、俠具有特別的武術或神通法術。用這種原型來看待三娘子，三娘子曾經披上「

有道」外衣，原因是他賤價出售驢子，以救他人之急，解救他人困難，但是這種類似「俠」的形象卻是虛僞的，三娘子打著助人的招牌行傷人之實，應不配稱爲俠義之士。

再看趙季和，趙季和明瞭三娘子的眞正行徑，以其道還治其人之身，解除了再過汴州欲宿板橋店諸旅人的危險，在功勞簿上無疑該記上一筆，可惜這種俠的形象也沒有維持多久，私慾薰心的醜陋面已經將俠義的光采掩蓋了。

故事中眞正可說是俠義之士的恐怕是老人了。我們或許不必以嚴格的條件來看待老人是否具有俠的眞正身份，但老人行爲表現卻展現十足的正義感：

因捉驢謂季和曰：「彼雖有過，然遭君亦甚矣。可憐許，請從此放之。」老人乃從驢口鼻邊，以兩手擘開，三娘子自皮中跳出，宛復舊身。

老人沒有超群的武藝，算不上是典型的俠，但是卻是正義的化身。故事中的三娘子固然有錯，但可能如老人所說：「遭君亦甚矣。」三娘子已得到報應，不必再過苛責，所以主動解決困難，不過可惜的是作者並未賦予老人再深一層成爲濟世英雄的任務或身份，那就是既然老人有將驢變人的法術，何不救其他被三娘子變成驢子的人呢？（當然作者是可以不必對故事中次要角色的下落做更進一步的交待，又也許可能這些驢子早已下落不明。）若再加描述，老人的俠義形象會更凸顯，但這並不是作者的寫作重心，留給讀者更大的想像空間也未嘗不是一種好的寫作表現方式。

故事的作者或許並不刻意在這樣一個老人行爲裏賦予他俠義的形象，因此本節旨在言老人有類似俠義之士的「表現」，而不是嚴格地論斷〈板橋三娘子〉這篇故事具有俠義精神與否。

陸、結　論

一、問題的提出

綜觀〈板橋三娘子〉一篇，作者描寫的是江湖黑店的人驢之變，就變形的特色而言，單方向的變形、一次的變形是志怪最常見的描寫手法，變形物在經過一次改變形體之後，多無法恢復原貌，而〈板橋三娘子〉卻是描寫兩組人物的變形，其中三娘子更經歷了兩次變形，這是作者造成佈局起伏高潮的刻意安排，雖然難免有情節雷同處，但作者運用文字的深入與簡明給予不同的描寫方式，似亦可見作者有其匠心，尤其幽默的語氣，對於三娘子的僞裝形象拆穿前用「有道」來形容之，更是風趣反諷之語。

對於這樣的市井小說，以旅店惡主人爲描寫對象，闡述行惡者將有其惡報的旨趣，雖然在人物形象的細膩刻畫、矛盾衝突或夢境現實的場景變化比不上〈鶯鶯傳〉、〈李娃傳〉、〈南柯太守傳〉……等作品的精采迴環，但卻有其自特色，神通能力、詼諧趣味、巧合串連都是故事特徵呈現，至於俠義形象的行爲，似乎也可在老人身上找到痕跡呢！

針對這篇故事，或可對其產生的問題提出。

其一是：夜宿客六、七人如果能爲三娘子的妖法制服，對三娘子來說，確實是一筆可觀收入，不僅可得「驢」又有錢財可取，花費功夫製餅自然是合情合理的，但是當趙季和再宿板橋店，而又正巧是「更無他客」的情形下，三娘子是否有必要爲他（趙季和）一人而花費這麼大功夫製餅，以取得這唯一的「驢子」？當然如果三娘子在這些日子生意極差，少有旅客宿店，使他的「驢畜」來源斷絕，那麼終於有顧客上門，不可輕言放棄難得機會的心境是可以理解的，但是作者卻缺乏對於事件發展的合理交待，也使得故事在構思上稍有瑕疵。

其二是：趙季和在三娘子問其所欲之時，答以「請隨事點心」，但在天明三娘子具盤食之後，卻又說：「適會某自有燒餅，請撤去主人者。」而食己所備之餅，顯得頗爲矛盾。既然請人備食，當主人備妥時又推辭不用，似乎不太合理。

其三是：尉天驄先生在〈唐代小說題材之演變與作家之派別〉一文中提到〈板橋三娘子〉受到希臘〈金驢記〉的影響：

希臘〈金驢記〉——→唐人〈板橋三娘子〉——→後世黑店故事。（註二二）

檢視羅馬人（註二三）阿普萊奧斯（Lucius Apuleius）的〈金驢記〉（The Golden Ass）所描寫的是一個誤飲女巫迷藥之人變成公驢的故事，這隻驢子雖變了形體，但人性未變，爲了求得解藥而經歷許多奇遇。大體而言，這兩篇故事相同處在於：

1. 均是「變形」故事。
2. 故事中均有「人驢之變」。

3.〈金驢記〉有強盜行搶的故事，〈板橋三娘子〉有沒收財物的情節。

但變形故事中國在先秦即已產生，不必一定受外國影響，且社會不安，多有盜賊，以此爲寫作題材應是時局不穩時代作者描寫的共通選擇，因此不能輕言影響與受影響。除此外，故事也有許多不同之處：

金驢記	板橋三娘子
人變驢仍保持人性。	人變驢失去人性。
人物衆多，情節複雜。	人物簡單，情節起伏但不複雜。
以第一人稱敘述事件。	以第三人稱敘述事件。
長篇小說，共計十二卷。	短篇小說。
故事有人、獸、鬼怪、神話。	故事鏡頭集中爲人及驢。

情節內容或故事的寫作手法不同，雖不能作爲影響與否的直接證據，但應該可說明兩者之間的關係並不甚密切，當然唐代小說中有不少奇異故事來自外國的影響（如〈補江總白猿傳〉即受印度〈拉馬耶那〉的影響），但就唐代時期東西交流並不密切的情形來看，西元二世紀的〈金驢記〉影響八世紀的〈板橋三娘子〉恐怕是有疑問的。

二、主題意義的彰顯

在唐人小說中，有俠義、有愛情、有仙境故事，也仍保有魏晉六朝的傳奇志怪等故事。就志怪本身來說，記載奇異的事是作者的目的，可是以唐朝人創作的演進歷程來看，到了元和時期早已脫離志怪最先的面貌之屬。魏晉南北朝或可言爲亂世，現實生活的被抑制而無法宣洩，導致把希望寄託在神奇的仙境或者神魔妖術，以滿足在現實生活中無法實現的理想與精神需求。而到了唐朝，歌舞昇平、政治安穩，使得唐代小說家把描寫對象由志怪轉而回到現世人生，所以我們所看到的是〈鶯鶯傳〉、〈李娃傳〉、〈霍小玉傳〉等不具有脫離現實的情節故事，反而極力描寫人物鮮明的故事，也可以說這時期的作者是進行語言創造，如何鋪排曲折的故事而又落實人間情事。當然不可否認的，唐小說在發展中仍有如〈任氏傳〉之描寫狐精、〈長恨歌傳〉描寫虛幻的海中仙島，但是並不表示這是志怪小說，而是代表著現實生活中產生的幻想，故事的重心仍然在人世。可是到了中唐，安史之亂產生社會的動盪，對於現實的不滿和對盛世的渴望，使得歌誦愛情的故事不再是作者常描寫的題材，於是豪俠的風範，對人生的思索興起，緊接著盛極一時的幻想志怪之題材也復甦起來，而〈板橋三娘子〉或可說是志怪小說的再呈現。

因此或者可以用這樣的觀點來看待故事所呈現的主題，那麼〈板橋三娘子〉所呈現的主題應該是：對於人生的思索與因果報應的哲理意蘊。

王師夢鷗嘗云：「聞言趙季和盡窺見三娘子之隱秘，而又『私有慕其術』；既而復以其人之術反治其人之身，使三娘子化爲壯驢；但又不通其施術之秘訣，遂使此術止於三娘子一身。其隱示『作法自斃』者之報應，昭然若揭。」（註二四）正是對於這篇故事的彰顯意義作最佳詮釋。故事中三娘子以法術而從事不法情事，原本似乎必須等待另一個具有更高超法術者的出現，三娘子才有被收服的可能，但是卻陰錯陽差地栽在一個毫不懂得仙術的趙季和手裏，這是三娘子罪有應得的報應；而趙季和以私慕其術的狹隘心理，不告訴任何人士，沒有立即阻止受騙於三娘子的旅人受到傷害的可能性，雖然趙季和得到了一隻壯健之驢，但終究無法得到他最想要得到的妖法。

再者，老人的現身似乎表示作者對於理想社會中解決事件的人物代表。就三娘子來看，貪圖財產，以開「黑店」引誘旅人上門而奪財易形，且重施故技，不知受害者有多少，從作者由故事中刻意提到的「人皆謂之有道」就可知作者貶抑的意圖十分昭然。這樣一個惡人，難逃制裁，可是卻是受縛於原先她所要制服者——趙季和。

趙季和或許是作者所塑造的一般人物，可是太多的巧合把他帶入另一個境界——呈現人性貪婪的一面，這就說明了人類在外事物及環境的誘惑下，會做出非常態的事件，尤其心術不正者，更易因此而入於沈淪。作者揭示的是以私欲爲中心主義作崇的男女，不擇手段，以取得現實的利益。開黑店、製燒餅的行爲還不算可怕，可怕的是隱藏在人性內心中的傷人奪物的動機。

於是我們可以反省，人性究竟是善還是惡？外表呈現的溫柔、和藹是人性的眞實表白？抑或是僞君子刻意顯露的外衣？如果事件沒有得到解決，故事的「功能」也就無法彰顯。所幸老人的出現，證明人性善念並沒有消失，這就表示在人心不古的社會中，清流是不可或缺而且實際存在的，這不也就告誡人們，即使在亂局中也唯有心術正當，有悲憫之心者才是眞正能主控大局者嗎？

話說回來，作者在建構神奇故事的時候，可能有不同的目的，有的是爲宣揚功名、有的著重在美感呈現、而有的是在抑惡揚善，當然也有的是僅爲了娛樂，但是站在唐人小說文不苟作的立場來看，〈板橋三娘子〉的作者在描寫幻術及制服者與被制者之關係的同時，應該對於所彰顯的人性面和果報觀有所重視。雖然孫昌武先生說：「中晚唐，出現了不少傳奇，……其中表現神佛靈異、業報因緣的故事增多了。這是社會衰敗引起思想頹廢的一種反應。」（註二五）但是業報因果的故事是頹廢思想嗎？因果報應雖然含有宗教宣揚的成份，他也對於禍福命運的思辨產生極大的意蘊，透過作品，富有禪理、報應的敘述中，對於啓迪思維人性也有一定的作用，至少〈板橋三娘子〉就是這樣的作品。

【註釋】

註一　見胡光舟《花精木魅唐時月》，頁五，初版，臺北市，開今文化事業公司，民國八十三年三月。

註二　見廖玉蕙《唐朝的短篇小說》，頁一四，初版，臺北市，時報文化出版事業有限公司，民國七十年三月十日。

註三　見王師夢鷗《唐人小說校釋，下冊敘例》，頁三，臺初版，臺北市，正中書局，民國七十四年一月。

註四　見潘銘燊《從比較角度看唐代小說特色》一文，收錄於《唐代文學研討會論文集》，頁一一九，初版，臺北市，文史哲出版社，民國七十六年四月。

註　五　此爲金聖嘆評《水滸傳》第三回批語。

註　六　趙季和是作者有意安排不同於夜宿之客的人物，他的不同在於晚至板橋店，不飲酒、獨不寐而又有警覺性，可詳見第參章之分析。

註　七　此爲毛氏父子評《三國演義》第九十四回之語。

註　八　此處所言之「敷衍」可有二種解釋：一爲指應付而未盡全力而言　一爲鋪陳其事加以衍生情節；本文引用這段話，是採取第二種解釋。

註　九　此爲李卓吾評《三國志演義》第一百十二回批註。

註一〇　李豐楙先生嘗於八十三年四月間於中正大學發表〈六朝精怪傳說的結構性意義——一個「常與非常」的思考〉之論文，本節的常與非常起伏結構僅是就事件發展的常態與否印證故事的曲折起伏，和李先生的重點置於人類的思維方式將紛繁事件簡單化爲對立性的思考模式，並不相同，但的確由其中得到啓發，謹記於此。

註一一　同註一〇一文。

註一二　萊辛爲十八世紀德國的美學作家，其所說之語是針對詩人的作品所作的評論，但亦適用於小說作品。

註一三　圖中的□表示個人或群體：↘實線表示制服他人的力量；⇢虛線表示受制於人；▼▼▼表示事件演變的過程；—直線表示沒有制人與被制的關係。

註一四　↓（實線）表示控制地位，且表示成功；⇣（虛線）也表示控制地位，但並未成功。

註一五　見周晨《唐人傳奇》頁三二九，再版，臺北市，錦鏽出版事業股份有限公司，民國八十二年。
註一六　朱熹亦曰：「神自是急底物事，緩詞如何形容得來。」以快速的敘述呈現神道能力的變化，正是將語言形式與描寫內容相融合。
註一七　見俞汝捷《幻想和寄託的國度——志怪傳奇新論》，初版，臺北市，淑馨出版社，民國八十年四月。
註一八　同註一五。
註一九　同註三下冊，頁一六一。
註二〇　見劉義慶《世說新語．傷逝篇》，下例亦同。
註二一　↓表事件進程；↓表可能性但未採取；×表事件止於此；○表圓滿結局。
註二二　見尉天驄〈唐代小說題材之演變與作家之派別〉一文，收錄於《中國古典小說研究》，頁五三，初版，臺北市，中華文化復興月刊社，民國六十六年十一月。
註二三　此篇應屬羅馬故事，由於羅馬人（拉丁人）接受了希臘人文化而發揚光大，故後人多將希臘羅馬文化並稱，此應是尉天驄先生直接將〈金驢記〉說成是希臘故事的原因。
註二四　同註一九，頁一六一—一六二。
註二五　見孫昌武《佛教與中國文學》，頁二六六，初版，臺北市，臺灣東華書局，民國七十八年十二月。

〈離魂記〉的虛幻色彩與真實情愛

——兼及〈龐阿〉與〈離魂記〉之比較

壹、前　言

在文學的疆界中，愛情是永恆的主題，文學作品的眞正關切，不在於爲愛情做精準的定義，也不在於泛泛論說愛情的偉大，而是在透過人類的具體生命去呈現這種依存於內心中的因子，將一切痛苦、歡笑的眞情實意流洩於外，或者浪漫激情，或者溫潤含蓄。這是筆者選定愛情爲討論的因素之一。

當愛情在現實生命中被壓抑而無由傾訴時，當事人必須從現實的時空中跳脫出來，找尋自己嚮往的天空，得到心靈的慰藉，所以是最具美感的情境。這是筆者所以選擇虛幻背景作爲討論重心的因素之二。

在小說家筆下，幻化情境是輔佐幻想故事的最佳方式。人死化蝶、化石、化爲鴛鴦，寄寓了離析的肢體可以延續生命之不廢，而更進一步的是靈魂與人體的分離便是「在這個幻想方向上再跨進一道門檻……，這道門檻很重要，它可揭示人的精誠所在。」（註一）而愛，不正是要建立在誠意付出，相愛永久的基礎上嗎？這是筆者選擇以「離魂」爲研究主題的因素之三。

離魂小說，在《幽明錄》已有〈龐阿〉一幕，然而眞正將「魂」活躍在人生界的情節設計，卻是〈離魂記〉（註二），也因此筆者選擇〈離魂記〉爲研究對象。

貳、〈離魂記〉的故事情節

六朝志怪小說如《幽明錄》、《搜神記》已有離魂情節的產生，衍至唐朝，魂體分離的設計已經成爲故事中的重要轉折。離魂情節加上才子與佳人，敷衍成〈離魂記〉。在這一篇小說中，女主角所扮演的是一個追求愛情的女子，以離魂的行動克服現實困難的角色，作者並且營造出超現實與現實之間的虛、實、眞、假氣氛，開展情節。

〈離魂記〉的故事情節結構大體可以分爲四部份：

㈠故事背景的交代
㈡故事情節的主線——離魂（人↓魂↓人）
㈢張家對於離魂的態度及處理方式
㈣作者補記

而其中劇情的發展重心是「離魂」。就離魂的主線來說，也可以分爲四部份：

㈠離魂的因素　㈡離魂的導火線　㈢離魂的過程　㈣回歸本體

〈離魂記〉故事情節

天授三年　清河張鎰因官家於衡州	○
性簡靜　寡知友	○
無子　有女二人　其長早亡	○
幼女倩娘　端妍絕倫	◎
鎰外甥太原王宙　幼聰悟　美容範	◎
鎰常器重	◎
每曰　他時當以倩娘妻之	☆
後各長成	○
宙與倩娘常私感想於寤寐	☆
家人莫知其狀	○

離魂的因素（自「鎰外甥太原王宙」至「宙與倩娘常私感想於寤寐」）

後有賓寮之選者求之　鎰許焉	★
女聞而鬱抑	★
宙亦深恚恨	★
託以當調　請赴京	★
止之不可　遂厚遣之	☆
宙陰恨悲慟　決別上船	○
日暮　至山郭數里	○
夜方半　宙不寐	◎
忽聞岸上有一人　行聲甚速　須臾至船	☆
問之　乃倩娘徒行跣足而至	★
宙驚喜發狂　執手問其從來	★
泣曰　君厚意如此　寢夢相感	★
今將奪我此志　又知君深情不易	★
思將殺身奉報　是以亡命來奔	★
宙非意所望　欣悅特甚	★

離魂的導火線（自「後有賓寮之選者求之」至「止之不可」）

離魂的過程（自「忽聞岸上有一人」以下）

遂匿倩娘於船　連夜遁去	★
倍道兼行　數月至蜀	★
凡五年　生兩子	★
與鎰絕信	★
其妻常思不能相負　涕泣言曰	◎
吾曩日不能相負　棄大義而來奔君	◎
嚮今五年　恩慈間阻	◎
覆載之下　胡顏獨存也	☆
宙哀之	○
曰　將歸　無苦	○
遂俱歸衡州	○
既至　宙獨身先至鎰家　首謝其事	○
鎰曰　倩娘病在閨中數年　何其詭說也	◎
宙曰　見在舟中	◎
鎰大驚　促使人驗之	☆

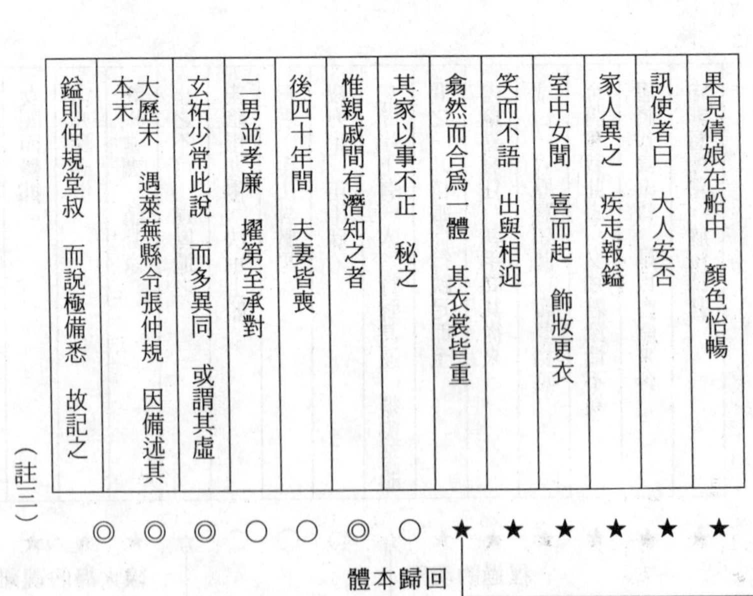

果見倩娘在船中　顏色怡暢	★
訊使者曰　大人安否	★
家人異之　疾走報鎰	★
室中女聞　喜而起　飾妝更衣	★
笑而不語　出與相迎	★
翕然而合爲一體　其衣裳皆重	★
其家以事不正　秘之	○
惟親戚間有潛知之者	◎
後四十年間　夫妻皆喪	○
二男並孝廉　擢第至承對	○
玄祐少常此說　而多異同　或謂其虛	◎
大歷末　遇萊蕪縣令張仲規　因備述其本末	◎
鎰則仲規堂叔　而說極備悉　故記之	◎

（註三）

回歸本體

叁、人物形態的塑造

一、倩娘

故事中的倩娘，作者並沒有詳細描寫她的美貌，不若〈鶯鶯傳〉所描寫「常服睟容，不知新飾，垂鬟接黛，雙頰銷紅而已。顏色豔異，光輝動人」的風姿神態，也不像〈霍小玉傳〉所言「姿質穠豐，一生未見；高情逸態，事事過人；音樂詩書，無不通解」，說明美豔之外兼帶才華。僅簡單的以四個字「端妍絕倫」來概括，不過倒也賦予讀者不少想像空間。

故事中的倩娘，是癡情女子，「思感想於寤寐」固然是其父已有對王宙言「他時當以倩娘妻之」做爲應允，但是確實立下了他眞情不移的堅定形象，也因此在得知父親將自己許配給賓寮之選時，「聞而鬱抑」，哀怨異常。

但是如果作者賦予倩娘的就是一個只會哀怨的形象，那也就不會有離魂的情節產生了。倩娘的鬱抑，導致了日後的離魂，所以，作者接著描寫倩娘離魂追尋王宙的情態是：

倩娘徒行跣足而至。（註四）

作者將倩娘匆忙出走之形象用「徒行跣足」來表示，寫的是追尋行動的急迫態勢。當然，倩娘的出走是熱切的，是固執的，而這眞切的固執卻在王宙執手相問中化爲泣淚：

泣曰：「君厚意如此，寢夢相感。今將奪我此志，又知君深情不易，思將殺身奉報，是以亡命來奔。

這是一段嘔心瀝血的表白，從倩娘口中言：「奪我此志」，可見他愛王宙的意念堅定異常，所以當外力侵入時，她必須爲自己的堅持做最後的防禦，尤其我們看到「亡命來奔」更顯示他的堅定。我們由這情節更知道了倩娘對於愛情的追求是眞誠的，但是他絕對不是不肖女子，捨棄家中親人於不顧，只顧與情人常相廝守。她的私逃實是迫於無奈，因爲家裡的人強迫她改變心意，逼她選擇她所不願的婚姻。而這樣的理解在後來的故事情節中可以得到證實，作者說倩娘：

> 常思父母，涕泣言曰：「吾曩日不能相負，棄大義而來奔君。嚮今五年，恩慈間阻。覆載之下，胡顏獨存也。」

從這段描寫中，我們可以看到倩娘雖然反抗了禮教的精神，追求愛情，但是對於親情的牽執依然存在。倩娘竟然對自己的行爲作了背棄禮義、違反倫常的強烈批判，似乎這是作者現身說法，教訓倩娘一番，但是下面「覆載之下，胡顏獨存也」一句，讓倩娘的形象反而因這段話而更加圓融——除了一個追求幸福，離家遠去的形象外，倩娘還是一個知書達禮，對家園仍然存有依戀的女子。

而從張鎰口中說出的「倩娘病在閨中數年」，更是倩娘在內心矛盾衝突中所選擇不違背傳統道德的方式顯示她一心想追隨王宙，然而又不願意卸下「乖女兒」的名義。

倩娘突破封建禮教的束縛，大膽追求愛情，和傳統禮教背道而馳的反抗精神，體現在登舟時的那一席表白中；她以官宦小姐的身分，內心深處根深柢固的「孝道」觀念和性格溫馴善良的一面，又反應在蜀中思家，自責「棄大義」的一段哭訴之中。因此，作者賦予倩娘的形象是雙面性的。金聖嘆說：「所謂人各有當也，此方是至理至情。……惡則無往不惡，美則無一不美，何不近情理之如是耶？」（註五）而陳玄祐所描繪的倩娘就是一個性格不單一，有近情近理的形象。

二、王　宙

「幼聰悟，美容範。」是作者所描寫的王宙形象，這樣一來，與倩娘的「端妍絕倫」是十分匹配的。雖然在小說史上所謂的「才子佳人小說」且指興盛於明末清初的愛情小說，但是若說王宙和倩娘是對才子佳人也並不爲過。

「天生才子佳人原有一定的配合，是眞正才子天必與以一個眞正佳人，造化一絲不苟，雖山川隔絕，道路迢遙，也少不得多方指引。」（註六）才子佳人的相戀故事總是曲折離奇，歷盡滄桑，但是〈離魂記〉的男女主角似乎在這段過程中少了許多艱難與折磨，這或許是因作者賦予女主角較強烈的追求慾望吧！故事中的主動性常存在倩娘身上，倩娘可以大膽地離魂，奔向愛人，但王宙在面對曾經給予自己承諾的長輩時卻顯得無能爲力，只能「深恚恨，脫以當調。」

王宙的「陰恨悲痛，決別上船」後因思念倩娘不已而「不寐」，相較於倩娘「徒行跣足而至」的行動，在對於眞愛理想的堅持上，似乎遜色不少。

當張鎰應允賓寮之選的求婚後，王宙大可以委婉語氣據理力爭，但是在故事卻看不到他的行動，好在倩娘的離魂將二人結合在一起，否則這對鴛鴦就被拆散，無疾而終了。

這麼說來，王宙形象似乎是只知哀怨，不求解決問題的人。再看作者對王宙的其他描寫：

宙驚喜發狂，執手問其從來。

宙非意所望，欣悅特甚。

宙哀之，曰「將歸，無苦。」

或許豐富的情感是作者所要賦予王宙的形象，雖然王宙處理事情的態度是消極的，但是他對倩娘的眞心眞情卻是絕對的。見倩娘時的發狂形象與神態，執手問語，想必也配上一對含情脈脈的眼神吧！當倩娘因思念父母而欲歸衡州時，王宙「哀之」而言「無苦」，又是對倩娘深切愛意的表現，雖然話是那麼短暫，但卻是鮮明懇切的。

如果作者給予王宙的形象是辦事精明，善於口才的人，則在得知張鎰反悔後，王宙便以積極態度去改變現狀，也許故事就不那麼浪漫，也或許倩娘的思親涕泣得不到王宙的共鳴，那麼倩娘也無法回歸本體。因此，故事的男女主角之間所呈現的正是互補關係，王宙的形象無疑是在烘托倩娘堅定執著的形象，使之更爲鮮明。

三、張　鎰

「倩娘病在閨中數年，何其詭說也？」這是張鎰聽聞王宙的話所產生的反應。這種不信怪奇，視王宙之言爲奇詭的觀念，普遍存在於知識份子身上，所以當王宙說「見在舟中」之時，張鎰大驚而使人「驗之」，畢竟現實生活出現這樣離奇的事的確令人難以置信，也因此張鎰的大驚是可以了解的，尤其他明明看見倩娘病在閨中，又怎可能有另外一個倩娘與王宙共同生活？但是王宙的話卻又令張鎰狐疑，及至眼前親見便不得不言。既是如此，張鎰及其家人「以事不正，秘之」的心態究竟如何理解，當然和其爲官宦之家的身分有關係，這就表示在張鎰的心中，道德觀是至上的。

回到故事的開頭，張鎰曾對王宙言「他時當以倩娘妻之」，而且還是「每曰」，這麼一來，作者貶抑張鎰的態度就極爲明顯。說話不算話已是不該，更何況將女兒嫁給王宙的承諾不只一次的表態，就因爲賓寮之選的「求之」，輕易地打破原有的應允，因而引出「離魂」的異事，該由誰負責任呢？「事不正」的過錯又該由誰承擔？當然張鎰是脫不了關係的。

然而一味的苛責張鎰也不全然是正確的，故事說張鎰「性簡靜」，至少說明他並非是貪官污吏型的小人。而後說他「無子，有女二人，其長早亡，幼女倩娘，端妍絕倫。」沒有兒子是張鎰的憾恨，有女二人，卻有一人早死，僅餘娘，她既是幼女又是僅存的一人，想必父母疼愛有加，也因此張鎰了解王宙自幼聰慧而又長得一表人才時，便加以器重，並且打算將女兒的一生幸福託付給王宙，這種天下父母心或許是我們看待張鎰所不可忽略之處。

張鎰的錯應是在於賓寮之選求婚之時便一口答應，沒有考慮當事人的意願。但是在世俗的眼光中，將兒女許配給吏部選官者是人人夢寐以求的，張鎰當然不會將唯一的女兒胡亂許配給別人吧！

因此，故事中張鎰的形象該是重視門第、輕易改變決定者，但是愛護女兒的心意該是不可忽視的。

肆、語言文字的運用

一、細緻而含蓄的描寫

文學既是語言藝術，則成功的文學作品必須是作者能以其文學素養在文字上推敲精煉，因此如果作者所駕馭的文字能夠生動活潑，而又能精準地形容某事某物，便能描寫對象達於神妙之境。〈離魂記〉的寫法雖未如《三國演義》描寫張飛只用了「身長八尺，豹頭環眼，燕頷虎鬚，聲若巨雷，勢如奔馬」等字，便把一個大漢義士寫得極其傳神，也不像〈虬髯客〉的「乃知眞人之興也，非英雄所冀，況非英雄乎？人臣之謬思亂者，乃螳臂之拒走輪耳」的慷慨激切，但是卻也生動而含蓄。故事中的倩娘，雖然作者只用了「端妍絕倫」寫她的外貌，但是倩娘形象的生動處，不在極力用筆寫到之處，而在於故事情節中逐漸透露。

故事中倩娘徒行跣足而至，宙驚喜發狂而「執手」問其從來，這是兩人情意交流的熱切期待，「牽阮的手，不怕困難」，恐怕是千千萬萬愛侶彼此精神撫慰的最佳良劑吧！當王宙的心情沉入谷底時，眼前出現的竟是心所牽掛的人，有什麼比肢體語言更能代表他的心情呢？作者「執手」二字實在用得動人。

而無聲之後的有聲，是倩娘的泣白：

君厚意如此，寢夢相感……又知君深情不易……

把倩娘離魂追隨的情意含蓄地表白出來，這不是一段撕裂天地、愛恨分明的激烈愛情，而是耐人品味的綿長深情，倩娘「常思父母」的涕泣，引起王宙「哀之」，而言：「將歸，無苦。」這又是一段溫婉的訴白。王宙的哀，似乎比倩娘的涕泣更令人動容如果王宙一聲反對，眞不知倩娘的心裡會有如何的轉變，然而王宙的應允，姑且不論是否眞心想回去拜見岳父母大人，但是他想讓倩娘「無苦」的情意，卻是甜蜜溫馨的。

故事後續發展，倩娘的「顏色怡暢」，代表著離魂五年的倩娘對於將回家拜見父母的喜悅，但更暗示著她離魂期間與王宙共同生活的時光是快樂的，這該是一段幸福而美滿的婚姻吧！而後「室中女聞喜而起，飾妝更衣，笑而不語，出與相迎，翕然而合爲一體。」描寫得相當細膩而又生動，笑而不語，又是多麼一副嬌柔含蓄溫慰喜悅的姿態！

故事最後，並沒有出現別離後相見時那一段積鬱鄉愁的湧動酸楚，反而是洋溢著溫馨圓滿的愉悅氣氛。至於後來的發展，也就不那麼重要了。

二、精巧而確切的筆調

就小說而言，精鍊絕不是粗略的簡，而濃縮之簡，用較少的語言表達更多的事物，不僅增強作品的表現力，也使情節緊湊而活潑。

故事中言張鎰「因官」家於衡州，在故事的發展上看不出有任何關連，但事實並非如此，由於張鎰「因官」才家衡州，可見倩娘是官宦子弟，在禮教束縛下，與未婚夫私奔，實爲人所不齒，所以倩娘必須將身體的軀殼留在家中，安分守己地做一個謹守禮教的乖女兒，而未了的魂身相合，當然也說明了畢竟魂體合一的倩娘，才是眞正的回歸本體，維持她原有官宦子弟身份的倩娘，可見「因官」用字是精巧的暗示。

作者言張鎰的應允後，僅以「後各長成」四字就概括了男女主角的成長歷程，然而這一段未加詳寫的「空白」，卻幾乎爲「常私感想於寤寐」所塡塞，在這一段成長歷程中，兩人各自有什麼境遇，畢竟不是讀者所關心的。衆人所關心的是青梅竹馬的愛意是否與日俱增，作者簡單一句，就把二人的情意結合了。

故事進行至倩娘投靠王宙：

遂匿倩娘於船，連夜遁去。倍道兼行，數月至蜀。

至蜀之路的辛苦，作者一筆帶過，但是卻是非常緊湊而不蔓不枝的，作者將寫作重心放在兩人共同生活的心靈精神上，而省去身體之外所領受的山川風物或環境變化，無非是緊抓兩人的堅持和不悔的情意。

再則，以倩娘身魂「翕然而合爲一體，其衣裳皆重」的描寫也精細入微，將重合景象準確地呈現，既逼眞又優美。

或許有人要說，作者對於「離魂」的倩女的確做了精確的描寫，但是對於倩女的「身」卻未描寫，僅用張鎰的一句「倩娘病在閨中數年」，就將五年時光寫盡，是否太簡略些？筆者以爲雙線式的進行方式，固然可以有賓有主，有主線副線之分，將雙重頭緒構成一個相當充實的有機整體，但是這樣的用法若為離魂記所運用，那麼「離魂」的主線可能因此為之截斷，重心也會隨之轉換，同時就作者來說，故事開始並未點明倩女與王宙的私會是「人」與「魂」的結合，就表示作者故佈疑陣，不願意讓讀者太早知道「離魂」究竟從何開始，如果寫一段二人相會又寫一段家中的倩娘，反而使結構鬆散。

但是作者也並非完全忽略家中倩娘的形象，病在閨中，就表示倩娘的眞心在「魂」身上，既是相思，當然病了，同時這也是對賓寮之客求親之事做無言的抗議。然而當「身」知道「身與魂合的時候到了」的時候，那種欣悅之情卻是作者不願放過的，這時的身暫且將「魂」放置一邊，也可見作者能精確的掌握情境。

三、自然而生動的對照

小說中的對照，或許是作者在不自覺，無意識之中自然而然地眞誠顯現的，但是有意識地進行對照，卻也是對藝術進行加工，潤飾。故事中的對照如：

宙與倩娘常私感於寤寐——家人莫知其狀

兩人的深情快速進展，但家人卻被蒙在鼓裡。

賓寮之選者求之……鎰許焉——女聞而鬱抑，宙亦深恚恨。

鎰常器重，每曰：他時當以倩娘妻之——後有賓寮之選者求之，鎰許焉。

張鎰因王宙面姣好而聰悟，於是應允以女兒的婚事，但在賓寮中的出色者提親時，竟又自毀約定，而這一決定我們可以想像一邊是張鎰的「許焉」之乾脆，一邊是男女主角的鬱結心理。以上是不同人物的不同對照，下面是在不同時空，同一人的心情對照：

宙亦深恚——宙驚喜發狂

當得知張鎰將倩娘另許他人後，王宙怨憤不已，但當見到倩娘出現在岸邊時，那種驚喜雀躍正是他低落心情急遽跳至高潮的表現。

女聞而鬱抑——女聞喜而起

倩女的形體面對婚姻的波折，產生極大的心境轉變，他將愛情交給離形的魂去處理，而將抑鬱留給家中的驅殼，就這樣過了五年，終於等待到好消息，這一落一起之間，造就了多少的情節故事，作者不忘在倩女離魂的前後間加以對照，呼應，更可見其用心。

其實，故事本身的呈現也是一種對照：

形——魂

面對父親安排另一門親事的倩娘之形，病奄奄地躺在閨中數年，這是一種無言的抗議：既是不願屈服於父權威勢下的一種無奈抉擇，也是對賓寮之客所求的嚴正拒絕；另一方面，脫離羈絆的倩娘之「魂」卻大唱愛情自由之歌，浪漫地展開同一般人神魂相守的戀愛史。

故事到後來，張家以「事不正，秘之」，「唯親戚間有濳知者」，似乎也產生了「隱——顯」的對照：

其家以事不正，秘之——玄祐少常聞此說

越要保守的秘密，卻越廣爲流傳，如果張家保守秘密，其親戚也能守口如瓶，陳玄祐又怎會「常聞」他人所說？而這樣的處理，似乎使故事的奇異性更加凸顯了。

因此可以說〈離魂記〉中的對照，不僅呈現故事主人翁的神態心情，也讓故事充滿奇特。

伍、故事的藝術特色

一、形式短小而時空跨大

《文心雕龍．附會》篇云：「何謂附會？謂總文理，統首尾，定予奪，合涯際，彌綸一篇，使雜而不越者也。若築室之須基構，裁衣之待縫緝矣。」劉勰用「基構」言作品之經營，李元洛先生以爲此即是藝術作品的時空形式。（註七）就小說來說，亦是如此。一般而言，長篇小說和短篇小說的分別除了用字數多寡以爲判準外，時空結構也是判準的依據，前者多是生活縱剖面和橫剖面的交織所形成的時空結構，而後者多是生活中的橫切面所形成的時空結構。

就〈離魂記〉來說，作者「築室」之「基構」顯然是簡單精彩的，全文不過才六百字，這種形式是極爲短小的，但是他又不同於一般短篇小說，只是就生活中的一個鏡頭特寫或僅就一、二人物做片面描述，而是橫跨了漫長的時間和廣闊的空間以爲故事的背景。

就同爲唐傳奇且均描寫女主角「離魂」追尋男主角的〈鄭生〉和〈韋隱〉來說，〈韋隱〉一篇是寫丈夫至新羅，其妻靈魂離體相隨之事。〈獨異記・韋隱〉一則云：

大曆中將作少匠韓晉卿女，適尚衣奉御韋隱。隱奉使新羅，行及一程，愴然有思，因就寢，乃覺其妻在帳外，驚問之。答曰：「愍君涉海，志願奔而隨之，人無知者者。」隱即詐左右曰：「欲納一妓，將侍枕席。」人無怪者。及歸已二年，妻亦隨至。隱乃啓舅姑首其罪，而室中宛存焉。及相近，翕然合體。其從隱者，乃魂也。（廣記三百五十八）

〈鄭生〉是寫鄭生與柳氏魂相結合的故事。〈靈怪錄・鄭生〉一條云：

鄭生者，天寶末應舉之京。至鄭西郊，日暮，投宿主人。主人問其姓，鄭以實對。內忽使婢出，云：「娘子合是從姑。」須臾，見一老母自堂而下。鄭拜見，坐語久之。問其婚姻。乃曰：「姑有一外孫女在此，姓柳氏，其父現們淮陰縣令，與兒門第相埒。今欲將配君子，以爲如何？」鄭不敢辭。其夕成禮，極人世之樂。遂居之。數月，姑謂鄭生可將婦歸柳家。鄭如其言，挈其妻至淮陰。先報柳氏。柳舉家驚愕，柳妻意疑令有外婦生女，怨望形言。俄頃，女家人往視之，乃與家女無異。既入門下車，冉冉行庭中。內女聞之，笑出視，相值于庭中，兩女忽合，遂爲一體。令即窮其事，乃是妻之母先亡，而嫁外孫女之魂焉。生復尋舊跡，都無所有。（廣記三百五十八）

篇名	時間涵蓋	空間場景
〈離魂記〉	約五十年	衡州、江、蜀、（倍道兼行）
〈鄭生〉	數月	鄭西郊房、柳家
〈韋隱〉	二年	至新羅途中之帳棚、姑舅家

同樣是「離魂」，似乎〈離魂記〉的時空呈現要豐富得多了，就單純的「時間」長短來看，〈離魂記〉的涵蓋面長達數十年，自寫張鎰因官家衡州始，續述其子嗣狀況，又寫王宙與倩娘「後各長成」，繼而寫故事的重心——「倩女離魂」，而這一離魂就五年。故事後段的證驗之說更將時間推移到四十年後，雖然我們訝異於作者將這四十年的時間情事一筆帶過，有些迅雷不及掩耳，但這未嘗不是一種特色——因爲故事的重點在於「離魂」，離魂之外的事並非作者關心的。〈韋隱〉則是女主角離魂二年追隨其夫之事；而〈鄭生〉寫柳氏的離魂不過數月光景。相較之下，〈離魂記〉的時間涵蓋面實超出其餘二者甚多。而就意識來說，〈韋隱〉與〈鄭生〉的時間面幾乎等同於女主角「離魂」的時間，而〈離魂記〉除了寫倩女離魂五年的事情之外，對往前的時間推移和往後的發展亦加以交待，擴大了故事時間的範圍。

就空間而言，〈韋隱〉的主要場景即是韋隱至新羅途中所搭之「帳」和其舅姑家，韓晉卿女所說的「慼君涉海，志願奔而隨之」，顯然無多大意義，因爲故事中的新羅反而退居故事背景的次要地位。作者強調「離魂」，卻未對渡海隨行的過程加以交代；又如〈鄭生〉的主要場景是鄭西郊外的房舍以及淮陰柳家，和〈韋隱〉相同，作者仍是只寫離魂的情景，而未考慮到故事中的鄭生是進京趕考，以致忽略對進京赴考的事件做一合理的交代。〈離魂記〉就顯得高明許多。以「衡州」爲家，是故事開頭呈現的空間場景，在此空間場景中，倩娘與王宙發展出一段戀愛故事。而隨著張鎰的食言，故事的場景因而轉換。

王宙的行徑亦如〈鄭生〉的主角要至京城。前面說過鄭生在路途中遇見女家人便不顧應試，享受愛情的滋潤去了，作者也隻字未再提進京之事。〈離魂記〉也未見王宙進京，但作者已經寫明王宙是「託以當調」，當然不必解釋爲何與倩娘相見便不再赴京，而從舟行山郭數里，兩人相遇的場景來看，黑暗中的清冷荒江與兩人溫熱的心正是強烈的對比。

故事場景接著到了蜀地，在這裡，兩人有了愛情結晶，也渡過了五年的快樂時光，倩娘的思念讓時間場景再度回到衡州，也爲魂體相離劃下句點。

由此可見，〈離魂記〉雖然是短篇小說，但是在時空轉換中亦呈現豐富的風采，因此這是一篇形式短小但卻跨越大時空的作品，將時間推移，容納更廣袤的空間情事，讓事件在變化的場景中或緩或急地曲折波動。

二、真真幻幻的境界

小說來自於生活，但絕不等同於生活，生活是世間人與人之間源源不絕的承繼與交流，小說則只是生活的片段，生活是小說創作的基礎，如果把小說理解爲生活實錄，那就荒謬可笑了。寫小說當然不必實有其人、實有其事，「虛構」在小說的地位顯然很重要。就〈離魂記〉的故事來說，王夢鷗先生曾云：

稱「清河張鎰」，當與德宗建中二年爲宰相之張鎰，不同一人。後者，兩唐書自有傳（舊書卷一二五，新書卷一五二），而前者則莫可考。（註八）

此詳細說明故事中的人物——張鎰是不見史傳的，也說明了故事中的張鎰與宰相的張鎰不必是同一人，當然也不必實有其人。是不是有眞眞假假、假假眞眞的用心，恐怕不得而知了。

此處的眞眞幻幻不必去追根究柢——張鎰既非宰相，那麼是何方神聖？倩娘又是什麼時候的人？但是王夢鷗先生提供一個可以思考的問題：離魂的題材雖然沿襲於六朝，但是作者的寫作精神已經接近現實，因此有可能是一個官宦人家的女兒私奔，爲了掩人耳目，所以假託女病，而親戚中有人得知這件事，所以這篇小說恐怕是「眞有其事」。這樣一來，眞眞假假更是故事的特色了。而就故事所透露出來的藝術訊息來說，也正有如眞似幻、似假又如眞的佳趣美感。

當倩娘跣足而至，私會王宙之時，沒有人知道（當然作者例外）這是一段離魂故事。其實不只是讀者，連故事中的王宙也不知道原來與自己共度五年時光的「人」竟然是「魂」！除了王宙之外，倩娘的家人也同樣被蒙在鼓裡，原以爲愛女生病數年未出房門，沒想到她的魂卻在數千里之遙的異地與心愛的人相守，如果作者沒有描寫倩娘回衡州的情事，讀者也無法想像離魂的情境。可見得作者在運用幻設技巧的時候，並非刻意點明：現實社會眞眞，而魂離形體的超現實是幻，而是讓故事在眞眞幻幻的泡沫中靜靜發酵。

在眞實與虛幻間，作者用誇張的想像加諸現實世界中無法呈現的理想，尋求解放的自我空間，解決男女主角在眞實社會中所受到的束縛和挫折，營造一個幽邃空幻、若煙若夢的審美境界。

故事中的倩娘魂離身形，奔向心之所屬，然而形體卻固執地留守在家中，盡做一個傳統中國女性所謹守的本分。究竟什麼是眞？什麼是假？什麼是虛幻？留在家中的軀殼是眞嗎？那麼爲何病重得奄奄一息臥病數年，毫無生氣？是假嗎？那麼又爲何屈服於現實的傳統觀念，謹守禮教？在蜀中與王宙共同生活的魂是眞嗎？那麼倩娘又爲何有回衡州與身體翕然相合的舉動？是假嗎？那麼與王宙的傾訴之語又該如何解釋？眞眞假假、虛虛實實，或許作者故意摸不清也不願意摸清吧！然而就在眞眞幻幻的藝術想像中，故事主人翁的命運在波瀾中有了合理的歸宿，也許我們可以說：故事呈現的就是眞眞幻幻的境界，刻意去分別眞實和虛幻反而落入不可知的境遇，而吾人該細細品味的是作者營造的虛幻時空中所包含的男女主角之眞摯情愛。

三、浪漫的愛情氣氛

《禮記．禮運》說：「飲食男女，人之大欲存焉。」人類生存的慾望，常是公開的，甚至可以發展成追求長生不死的夢想，然而愛情這種東西，卻是許多人所不願公開表露的。王充《論衡．本性》

云：「情，接於物而然者也。」《援神契》也說：「情生於陰以繫念。」當人與外在現象接觸時，會不自覺地表達自己藏於內在的情意，然而在重視禮教的封建社會中，中國人對於「情愛」卻是含蓄而吝於熱切發出情意的。《詩經·蒹葭》云：「所謂伊人，在水一方。」便是含蓄的相思情懷，即使是相見的欣喜，也是溫馨喜悅大於熱情奔放。

就在這樣禮教統治的文化社會環境下，中國傳統的男女愛情總在父母之命、媒妁之言的締結方式中進行著。這其中有不少人在父母做爲姻緣的牽引之下寧靜平實地渡過一生。也有人不甘於內心強烈的自主意識受到抑制，穿越時空的阻隔，不惜一切，尋找心所愛者。既然相思令人悵然若失，卻又不願做一個背叛父母、違禮棄教的女子，於是「離魂」似乎是一個最能表達美感而又浪漫的方式。

天地有情。故事中的人魂相愛，是一種超乎現實，情深意雋卻又大膽直率的相思情節。男歡女愛，本該是一對幸福的未婚人，就在現實的境遇中受制於門第觀念，於是渴望結合的心靈化成離魂奇事，一如人間生命般的再現。趕路、相會、如泣如訴，哀怨而又動人。

藉著離魂，倩娘將現實生活中無法實現的強烈企望，在作者的虛構幻設中得到了實現，在人魂共處的時空中，倩娘與王宙的愛情竟也持續了五年而毫不褪色。

當然，如同李元洛先生所說：「愛情是人類生存和發展的重要支柱，也是文學創作的永恆主題。」（註九）然而垂手可得的愛情，似乎不被文學作家所青睞，他們喜歡的總是歷盡一番辛苦，苦盡甘來的漸入佳境式描寫，而讀者也樂於在閱讀的過程中分享歡喜和憂傷。〈離魂記〉的作者就是試圖利用美麗的理想去代替那不足的眞實。利用倩娘離魂追尋郎君的神奇想像，突破現實生活的桎梏牢籠，眞心眞意地在虛幻境界恣意享受自主而溫馨的婚姻生活，倩娘將自己的感情傾注在王宙的愛意中，也讓這份堅定的愛情際遇在極富幻想色彩的浪漫氣息中。

陸、〈龐阿〉與〈離魂記〉之比較

一、外在形式

㈠、篇幅

魯迅在《中國小說史論》中說到：「但須知六朝人之志怪，卻大抵一如今日之記新聞，在當時並非有意做小說。」（註一〇）所以六朝小說多短短一、二百字便成一篇事件，亦即用很簡單的數語就勾勒出一番景象，所以在篇幅上多屬短小精簡型，也因此在故事情節上就較粗陳大概，人物的形象也一筆帶過，或可說還帶著一絲絲的稚氣。

就〈龐阿〉故事來說，二百多字的故事，該稱之爲小小說，篇幅雖小，但離魂的內容倒頗吸引人，而〈離魂記〉既然是取材於〈龐阿〉故事加以敷衍，自然篇幅會長於所選取之對象——就唐人作意好奇，擅於發揮自己文學功力的現象來體會。

或許應該說，在一個現有的故事雛型中若能加以建構一個新的型態，才是在論及篇幅大小中所具有的意義。〈離魂記〉較之唐代小說動輒數千字來說，算是極短篇了，然和〈龐阿〉相較，卻又是其分量的二倍有餘。就故事的篇幅所容納的事件而言，二百多字的〈龐阿〉所容納的故事是：

介紹龐阿出場 →石女喜阿 →石女離魂見阿 →阿妻妒 →縛石女 →婢遣石女，石女消失不見 →石父大驚 →阿妻伺察 →獲得證據 →拘石女見石父 →石父驚 →魂不見 →石女說原因 →石女誓非阿不嫁 →阿妻病亡 →阿與石女結婚

就時間來說，既然行文中說：「石氏有女，曾內睹阿，心悅之，未幾，阿見此女來詣，……」可見石女見阿，一見鍾情，很快就墜入情網，中間發生一段奇事後，一年即得到圓滿歸宿；就空間來說，故事現場不脫離龐阿之家、石氏之家，最多僅再出現一個「中略」；就事件本身來說，女魂見阿被發現的情境重複出現，雖然結果有所不同，但情節便有雷同。

而〈離魂記〉所容納的故事則是：

簡介張鎰家於衡州之因及其性情 →交代其子嗣 →介紹王宙及其風範 →言宙與娘相思 →張鎰反悔已答應之親事 →王宙遠行 →倩娘離魂跟隨 →至蜀居 →回鄉 →宙報張鎰，鎰大驚 →驗明身分 →倩娘魂身相合 →後記

就時間來說，故事從張鎰家於衡州說起，遠溯到倩娘幼小時節，甚至後記中提到：「後四十年間，夫妻皆喪。」即使是主角的「離魂」時間，竟也長達五年之久；就空間來說，衡州、數里外山郭、河道、蜀境也非近在咫尺，場景亦有變化；而就事件本身來說，情節無一處重複鋪陳，不僅寫男女主角的行動，亦寫其心理狀態：

a	男主角出場	
b	女主角出場	
c	女主角離魂	c1　與男主角見面
		c2　阻礙者出場
		c3　魂消失
		c4　女主角父出場
		c1-1　與男主角見面
		c2-2　阻礙者出場
		c5　女主角魂爲父見
		c6　女主角父不信奇事
		c3-2　魂消失
d	女主角之父求證	
e	女主角解釋離魂原因	
f	女主角之父發議論	
g	阻礙者暴斃	
h	男女主角結婚	

c4	女主角之父出場	
b	女主角出場	
a	男主角出場	
c2	阻礙者出場	
◎	女主角之父反悔	
◎	男主角遠離	
c	女主角離魂	c1　與男主角重逢
		◎　訴離別之情
		◎　兩人共行
		◎　定居生子
		◎　思親將歸
		◎　男主角至女主角家
		c6　女主角之父不信詭說
		d　女主角之父求證
		c5　女主角魂爲家人所見
◎	女主角病身喜而起	
◎	女主角魂身相合	
◎	家人欲保守秘密	
◎	親戚潛知	

男女主角後代官至承尉	◎
作者說明得故事之緣由	◎

（註一一）

就此看來，不論在時空或是內容描寫、過程敘述方面，〈離魂記〉顯然是青出於藍而勝於藍。（註一二）不可否認，後出轉精的作品佔絕大多數，就原作品加以衍生更多曲折的情節亦加強故事的可讀性，但如果這些敷衍的文字盡是糟粕，那麼，即使篇幅增大，卻反而使結構顯得鬆散。

就〈龐阿〉故事來說，事件的進行頗爲緊湊，但篇幅所區分的不外是「變」——魂脫離人↓消失，魂又脫離人↓又消失，最後女主角現身說話，這其中，對於石氏女的「魂」作者並未賦予他說話的任務，究竟是「魂」不會說話呢？還是作者並未加以描寫呢？我們很難考查到眞實的情況，但就因爲如此，以胡應麟所說的：「變異之談，盛於六朝，然多是傳錄舛訛……」（註一三）的評論來看，此篇應是符合這種六朝小說的「精神」的，因爲不論如何變化，作者都是爲了搜奇而告之於人，並不有意識地去建構主題，開展或描寫人物性格特色，而〈離魂記〉雖然就故事的描述來說並不如〈龐阿〉來得快速，但在擴大時空，爲主題服務，而又能在不甚長的篇幅中不僅交待一件奇異的魂體相離之事，更加強了小說的藝術性，並且反應現實理想。因此反應在篇幅之內的，便是在繼承性中又加入了創造性，可以說〈離魂記〉雖然承〈龐阿〉的題材而來，但在創作之後所呈現的意涵已經產生新的意境，而這樣的擴大篇幅，當具有正面意義。

㈡、非情節結構

就小說非情節結構而言，入話、楔子或是序言都是爲主要的故事做襯托或是有加強主題的作用。在唐代小說中，這種非情節因素大體包含議論或者是詩詞，如〈虯髯客傳〉云：「乃知眞人之興也，由英雄所冀，況非英雄者乎？」、〈任氏傳〉云：「嗟呼！異物之情也有人焉，……惜鄭生非精人……」即以論故事中的事件和人物爲結；又如〈圓觀〉云：「歌曰：『身前身後事茫茫，欲託因緣恐斷腸。』」〈紅線傳〉云：「採菱歌怨木蘭舟，送到魂銷百尺樓。」

就〈龐阿〉來看，和一般六朝小說相同，「談鬼神，說靈異」是最基本的內容，他們將荒誕之事當事實一樣加以記載，其目的在「發明神道之不誣」，應是證明鬼神靈奇之事是存在的，但這樣的觀念還未被詳細地記錄下來，成爲小說的一部分，〈龐阿〉的結構依然是從寫龐阿的靈一直到阿與石女共結連理的一段過程，除了中間穿插一句石父所說的「精情所感」之一段話似乎跳脫了事件敘述的合諧性之外，可以說作者是站在「記錄」的立場來完成任務。但〈離魂記〉可就有不同之處了，故事在倩娘回歸本體，即可作一結束，但作者又加上了「後四十年間，夫妻皆喪，二男並孝廉，……」等語，已經將故事帶入更眞實、確有其事的境界，而「玄祐少常聞此說，而多異同，或謂其虛……」以下的非情因素，一方面告訴讀者這樣的故事（倩女私奔以隨王宙之事）是流傳極廣的，而作者又說「遇萊蕪縣令張仲規，因備述其本末」，更將故事中的張鎰與張仲規之關係加以說明，當然我們無法體察到是否作者已經意識到這是小說創作方法上的藝術運用，但是作者之意應當是「故神其說」，欲讀者能夠「相信」這應是一件虛構的事件，而這不也和故事情節中所敘述的「眞眞幻幻」離魂情事互相綰合嗎？

就這點看來，〈離魂記〉比之於〈龐阿〉多了非情節的因素，當讀者情緒達到最高點時，作者忽然現身，說明一番，豈不大煞風景？但是就「有意爲小說」的立場來看，作者恐怕又不得不現身說法，感歎或議論一番。因爲，如果只是以愛情故事、神怪敘述來看待作品，忽略社會的現實意義，似乎又有負於作者的自我期許，假若〈離魂記〉的作者除去後段的說明倒也無妨，但是增加這一段敘述卻加強了故事的可信度。唐代小說無論其爲誌人抑或誌怪都僞裝成眞有那麼一回事，或者說作者眞信其有不惜鄭重交代故事的來源，再三申明是傳聞的實錄而非想像的虛構。也許可以說作者鄭重提出他的說法是依據當事人的親戚關係而說非他憑空杜撰，該是一種「巧妙的僞裝」。當然，故事所描寫的事件也可能確有其事（指離魂超脫現實之外的事件），或是作者在某個機緣聽到這件事而對人、事加工，進行藝術創造，而在末尾添記數筆以增強故事的眞實感，這比起六朝小說不帶非情節因素，也可算是一種進步吧！

二、內容與寫作技巧

㈠、幻設技巧

葉慶炳先生曾在〈六朝至唐代的他界結構小說〉一文中提到「幻境結構」，將其基本形表示爲：

由人間進入幻境——幻境經歷——回歸人間，點明幻境（註一四）

作者利用虛幻界的經歷，敘述題材、點明主題，而在這樣的幻境結構中運用幻設計技巧使神奇的故事更能在虛虛實實、眞眞假假的情境中進展。作者利用超現實的事件構設情節，對故事的發展推波助瀾，並且在現實產生矛盾、衝突的情況下，依藉超時空的假設，使困境得以化解，亦即在眞與虛中表達其作意，〈龐阿〉的故事所描寫的幻設情節是：

石女離魂──→消失（重複兩次）

表現形式是由人間進入幻境，一直到末了才知道：原來跑到龐阿家的不是石女本身的肉體，而是幻設之下的靈魂。作者製造一股神秘的情境，把石女的消失不見做爲幻設情況的重心，然而又不說明消失的「東西」哪兒去了，就正面意義來說，營造一股極爲詭異的氣氛；就反面意義來說，似乎缺少交待。魯迅言：

幻設爲文，晉世固已盛，如阮籍之〈大人先生傳〉、劉伶之〈酒德頌〉……皆是矣，然咸以寓言爲本，文詞爲末，故其流可衍爲王績〈醉鄉記〉……而無涉傳奇。傳奇者流，源蓋出於志怪，然施以藻繪，擴其波瀾，故所成就乃特異，其間雖亦託諷諭以紓牢愁，談禍福以寓懲勸，而大歸則究在文采與意想……（註一五）

此認爲必須是唐代傳奇才有資格稱爲幻設「技巧」，用此觀點看〈龐阿〉一篇，是具有幻境結構的。同時行筆亦已具備有幻境的「現象」描寫，但還稱不上是「技巧」。就〈離魂記〉而言，其幻設情況是：

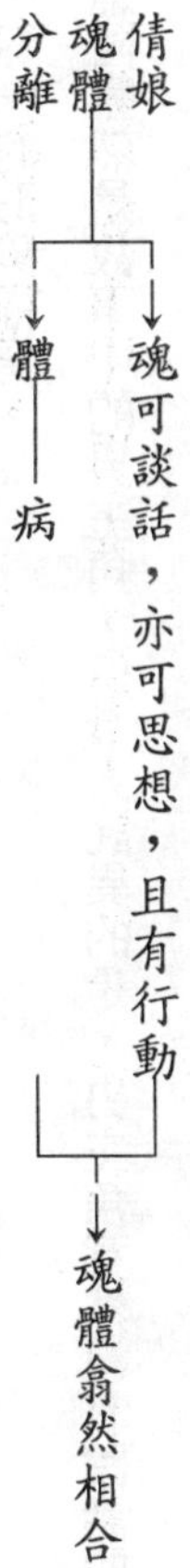

倩娘魂體分離 →魂可談話，亦可思想，且有行動
→體——病
→魂體翕然相合

茲就兩篇故事的幻設情境列表比較如下：

	〈龐　阿〉	〈離　魂　記〉
離魂之始	作者未明說主角離魂，讀者閱讀至後方知。	同〈龐阿〉。
離魂行動	1.魂未言隻字。 2.魂被縛消失，頗爲神怪。	1.魂與常人無異，有言有情。 2.魂似眞實體，非消失不見。
幻設結局	魂消失不見，沒有交代。	魂身翕然合一，回到人間現實面。

離魂記自人間引發之情事始至回歸人間爲結，顯然在現實與超現實間形成深密的結合。雖爲幻設，但合理性較〈龐阿〉來得強烈；相較之下，〈龐阿〉的幻設顯得較光怪陸離。

㈡、人物刻劃

〈龐阿〉故事中的主角是石女，故事中對於石女的長相容貌並沒有描寫，一開始是說：

石氏有女，曾內睹睹阿，心悅之。

作者並未用正面的形象描寫她，只是寫她沉於愛意。雖然我們無法知道石女是否天生麗質，如花似玉，但美容儀的龐阿願意與之共結連理，則石女之貌當非泛泛。作者再次描寫石女卻只見行動而沒有任何的話語：

阿見此女來詣阿。……使婢縛之，送還石家，中路遂化爲煙氣而滅。居一夜，方女在齋中。

這是石女的「魂」，我們無法得知石女的魂是否仍能與龐阿聊天，也就無法判斷石女的言談舉止如何。故事中石女唯一說的一段話是：

昔年龐阿來廳中，曾窺視之。自爾彷彿即夢詣阿，及入户，即爲妻所縛。

「曾窺視之」似乎是件不尋常之事，但是另一方面也顯示當時婦女不能正大光明與人見面，只好用「窺視」以見如意郎君。石女看龐阿一眼，「即夢詣阿」雖然「窺後則夢」的進行速度有些離奇，但作者強調的是石女的癡心，一個爲愛而離魂的女子，採取主動的方式，與心有所託的男人相會，這無疑是超越了世俗倫理的束縛。姑且不論這樣的行動是否適當，但這也說明了爲什麼作者會有其後石女「誓心不嫁」的形象描寫。

龐阿雖然是故事中的男主角，但令人詫異的是，男主角竟然沒有說話的機會。男主角的形象是：

美容儀。

也因爲如此，才引出石女的愛慕情節。除此之外，作者即未對龐阿加以描寫，讀者所看到的龐阿只是：

阿見此女來詣阿。

石氏女魂飛至龐阿家中，龐阿見後究竟有什麼想法？作者並未寫明，但是既然在阿妻病逝後，龐阿即

阿乃授幣石氏女爲妻。

授幣石氏女爲妻，可見得兩人已經是情投意合，只是礙於阿妻仍在，無法化暗爲明而已。

故事中的另一個人物是石父。當龐家婢到石家告訴石女之父奇異之事後，「石氏之父大驚」；又阿婦拘石女之魂往見時，「石氏之父見之愕眙」的描寫，可見石父該是個正直不信神怪色彩者，因此作者一句：

我女都不出門，豈可毀謗如此。

的描寫，不僅顯現出石父正直凜然的形象，也爲他保護愛女，不容人隨意詆毀的親情表露遺無疑。第一次，石女之魂半路便消失，因此石父未見其形：然而第二次，石父竟看到女兒被綁，在眼見爲實的情況下，石父不免「愕眙」，但是「我適從內來，見女與母共作，何得在此？」之言仍然表現他一貫的形象爲女辯護，似乎此刻的他也不得不對「神奇現象」感到疑惑。末了的石父之語，表達到石父已信然了解天下果有奇事，也對女兒的離魂找至合理的解釋。

(三)、文字運用

〈龐阿〉是一篇志怪小說，所以談怪說奇，顯現在迷離的劇情之中，作者對於石氏女的深情愛意

並未用正面描寫，而是就其離魂的行動中，將他「心悅之」的心理感受具體表現出來。故事中作者的筆法是運用離奇的情節來鋪陳內容。大致說來，令人讀之雋永有味，尤其對阿妻首次見石女，使婢縛之的行爲和再見石女親自縛之的行爲有不同的描寫，既合情又合理，而當婢女至石家說明石女化成煙的經過，「石氏之父大驚」；阿妻親自拘執石女，「石氏父見之愕眙」之後，給人讀之有痛快淋漓之感，氣氛也頓時熱烈起來。但是似乎仍有幾處是值得商榷的。

故事中說：

未幾，阿見此女來詣阿。

如果用現在的話說，便是：不久之後龐阿看到石家的女兒來見「龐阿」，這不是有些奇怪嗎？再者龐阿「看見」了石女，有什麼反應？作者一句話都沒說，說不定二人正默默相對盡在不言中。或許作者刻意用「見」字以營造虛虛實實的氣氛，因爲龐阿所「見」的是魂，而不是實體，但是若以正常的寫法，「未幾，石女來詣阿」應該就足夠說明了下文「阿妻嫉妒」的後續發展，「阿見」二字應屬多餘。

在行文中寫「阿妻嫉妒，聞之，使婢縛之……」應該是先描寫阿妻善妒的個性，當他知道了這件事，便要婢女將石女帶回石家，作用「聞之」應該是指阿妻未親眼看到石女的到來，那又爲何使婢女綁之呢？又或者這件事是婢女見到龐阿與石女相會，因而通會報信給阿妻知道，則此處用「聞之」尚且合理，但是如此一來，石女化爲煙氣，婢女的「直詣石家」恐怕就有問題了。既然阿妻不知一對男女相會之事，但婢的「好心」告知，可見婢女是「忠心耿耿」的，一旦石女不見，應該是直接回去稟報阿妻才見，這應該是作者寫作時欠缺考慮的。

另外作者沒有交待的是「中路遂化爲煙氣而滅」和「向所縛者奄然滅焉」究竟有什麼不同，同樣是靈魂被縛，爲什麼第一次爲婢女遣送時可以在中路逃脫，第二次被阿妻親自拘提時，在中路不逃，「故意」在家中現身，然後突然消失？這也許就說明了作者是刻意如此安排石父的表現，製造懸疑氣氛，但是如此一來，有意爲之的文字運用就顯出明顯痕跡了，比起刻畫事件暗藏玄機的寫作筆法就遜色些了。

故事的最大敗筆是石父聽完女兒斤解釋爲何離魂的一段話：

天下遂有如此奇事！夫精情所感，靈神爲之冥者，滅者盡其魂神也。

這就好像當石女對自己的內心做眞切的表白，石父了解離魂的來龍去脈後，恍然大悟，得到大道理，迫不及待的將臉龐轉向觀衆發表演講。「天下遂有如此奇事」的驚訝是可以理解的，但「夫精情所感」所表現的恐怕不是石父所該說的話，而是作者把自己的意見寫進去了。

〈離魂記〉的文字運用就成熟多了，文字簡潔，不枝不蔓，同時也不含說教意味，使得故事顯出含蓄的意境美感。上文已有敘述，此處略之。

㈣、情節發展

〈龐阿〉是敘述石女見龐阿而心生愛慕的小說，因爲石氏女見龐阿美貌，因而產生愛悅之情，於是他的神魂就到了龐阿家中，但故事開始，作者仍未說明到龐阿家的石女其實不是她的本體，而是她的靈魂，所以當石女與龐阿相見之舉爲阿妻所見，阿妻令婢女縛之而消失於中路之時，讀者便會對於情節的發展感到撲朔迷離。但卻也因爲如此激起讀者繼續閱讀的興致。

如果將〈龐阿〉的故事情節以圖表示，是：

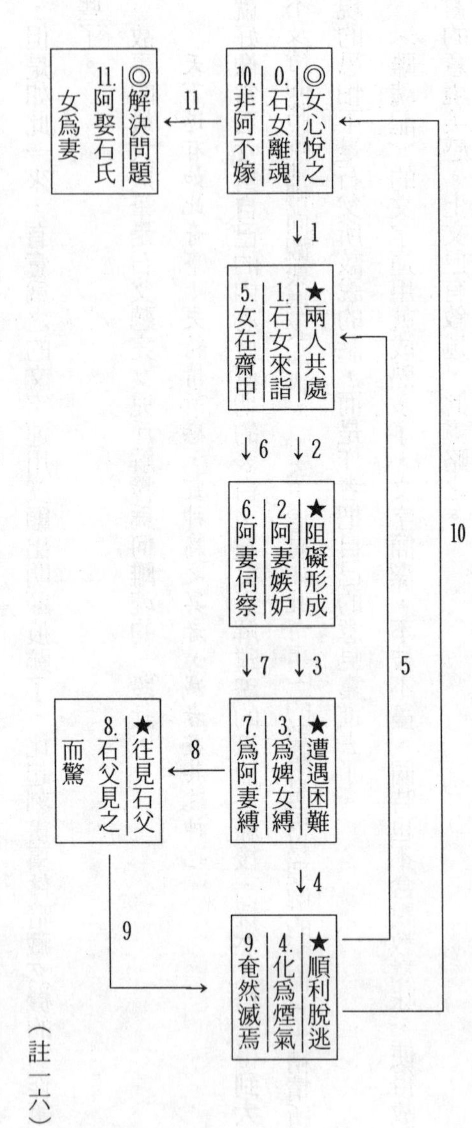

（註一六）

〈龐阿〉的故事情節是：

石女心生愛意→離魂→危機→解決愛情問題

將〈離魂記〉的故事情節列成圖表示，是：

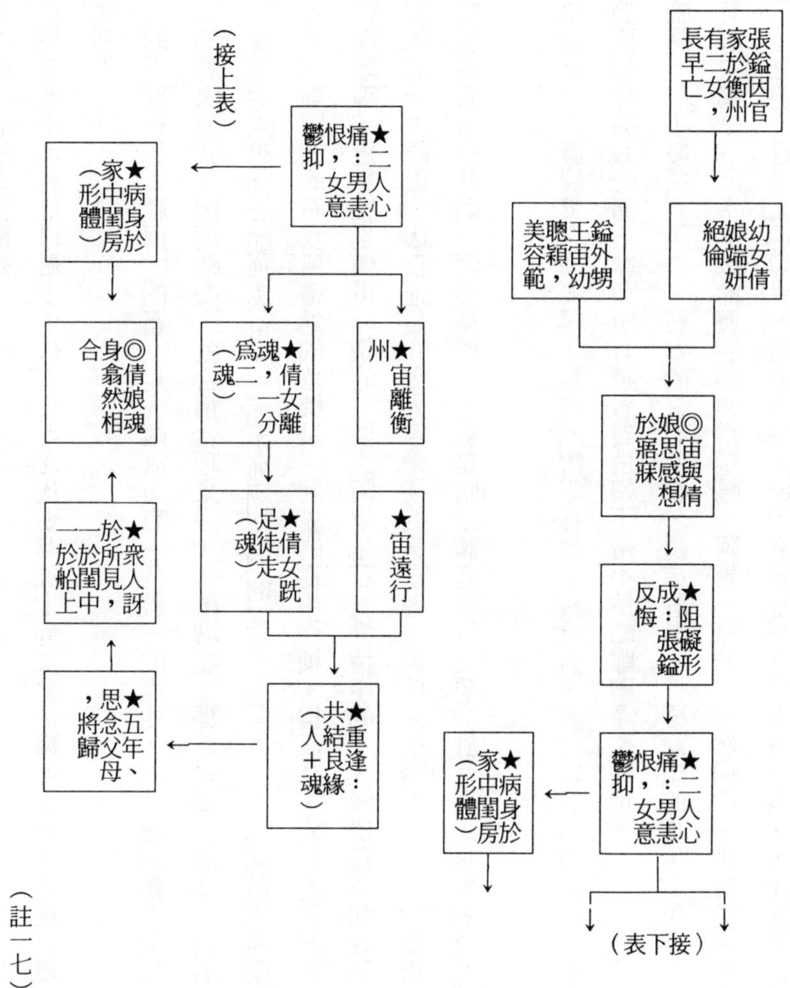
張鎰因官家於衡州，有二女，長早亡
幼女倩娘端妍絕倫
鎰外甥王宙幼聰穎，美容範
◎宙與倩娘思感想於寤寐
★阻礙形成：張鎰反悔
★二人心痛：男恚恨，女意鬱抑
★病身於家中閨房（形體）
（接下表）
（接上表）
★二人心痛：男恚恨，女意鬱抑
★病身於家中閨房（形體）
★宙離衡州
★倩女離魂，一分爲二（魂）
★宙遠行
★倩女跣足徒走（魂）
★重逢：共結良緣（人＋魂）
★五年、思念父母，將歸
★衆人訝於所見，一於閨中，一於船上
◎倩娘魂身翕然相合

（註一七）

〈離魂記〉的故事情節是：

張鎰之承諾及親情問題→倩娘王宙之危機→離魂→解決愛情問題→解決身魂分離問題→解決親情問題

二者最大的不同在於〈龐阿〉的石女是先離魂方有「危機」的產生；而倩娘則是在危機之後，因現實生活得不到解決方式，因而離魂，就合情合理來說，〈離魂記〉顯然是高明的多。再者，二者的情節都是對於女性追求男性大膽地表白，也顯示他們浪漫的氣息（註一八），但是就二個離魂者均是遭遇困難來看，〈龐阿〉的石女所遭遇的危機是：阿妻的從中作梗，但試想，龐阿的原配是其妻，石女因一見鍾情而離魂，這恐怕是值得非議的，要說阿妻是石女愛情中的一大障礙還不如說石女是龐阿與其妻夫妻關係的一大障礙，因爲他是介入人家愛情的第三者，因此〈龐阿〉中石女的危機其實是很有問題的。當然作者告訴我們「阿妻極妒」，就是暗示讀者：阿妻恐非好女人，那麼石女的行爲不是可以諒解嗎？

〈離魂記〉的發展就合理多了，離魂的因素在於父親食言，將已許給賓寮之士，使得未婚夫含恨而別，那種刻骨銘心的痛，當令所有讀者對倩娘不得不然的離魂產生同情。

〈龐阿〉故事發展到後來，石女的誓心不嫁，這或許是一件極麻煩的事，如果非郎不嫁，不就使故事沒有解決嗎？「所幸」情節發展得非常順暢，阿妻「終於」忽然病亡，讓有情人終成眷屬，這段發展似乎太急迫，且又太過詭異，阿妻的忽病原因究竟在那？作者沒有說，但是這種出乎意料的情節雖然讓心愛的人結為夫妻，但卻留下一團難解之迷，讓人滿頭霧水，為了成全石、龐而急轉的情節似乎未盡得宜。

而〈離魂記〉的作者除了讓男女主角結合，解決了其中的一部份——愛情問題，對於親情這部分和身魂相合的部分也沒有忽略，不僅加強故事性，也對於〈離魂〉的經歷作較詳細的交待，同時更重視魂身相合，比起〈龐阿〉的情節發展該是更合情理，更扣人心弦的。

(五)、主題彰顯

〈龐阿〉是透過男女主角的愛情，反映封建社會中男女渴望追求自由婚姻的權利，尤其女主角的癡心付出，無怨無悔，「誓心不嫁」以待佳人，更是大膽的卸去禮教外衣，帶有浪漫色彩的「奇」女子。

或許故事彰顯少女對於愛情至誠的讚美和對自由婚姻的嚮往，「有反對傳統禮教的進步意義」，但是一見鍾情就值得為他死心塌地，誓言非他不嫁嗎？如果是如此，那麼這樣的速食愛情充其量只不過是建立在表象的浮面外衣，眞正該存有的「情」的基礎卻是脆弱的。依父母之言而訂的婚姻，或者是建立在雙方的友誼上，或者是建立在金錢的份上，大家認為是封建思想；但是「以貌取人」的自由婚姻，算是一種「進步」嗎？這似乎是值得思考的問題。

用這種眼光來看待這篇小說，似乎破壞了美感，但是眞正破壞美感的，應該是故事行文中所出現的「精情所感」的議論。其實故事中石女的天眞浪漫，大膽追求的前衛作風，至少開啓了女性有婚姻自主權的大門，但是這句話一出現，強調「靈神爲之冥者，滅者蓋其魂神也。」就將主旨改變爲「證明肉體之外還存著靈魂」。作者的要義在告訴人們有靈魂出竅這回事，至於女子自由戀愛的主旨倒在其次了。

反觀〈離魂記〉，倩娘的離魂是在於父親的食言，從而引出了對於早已建立的愛情之追求，作者塑造了敢於向禮教挑戰的倩娘形象，但是又在末尾將倩娘從反叛禮教的追求中拉回現實，這是一種「妥協」，或許更應該說是一種「調和」吧！

談鳳梁先生說：

洋溢著浪漫文藝氣息的陳玄祐的〈離魂記〉，照例毋須斤斤於現實生活中的封建禮教，大可對王宙和張倩娘歌頌一番，然而作者卻認爲這種事情是見不得人的，所以「其家以事不正，秘之。」（註一九）

認爲這是作者在設想的浪漫愛情下，轉而強調封建禮教的不可違抗。但是就社會的意義來說，如果能夠在愛情觀與孝道觀中得到調適，那麼在闡明愛情的眞摯追求外，也兼顧維繫家合的世俗倫理，這應當是此篇作品的主題意義了。比起〈龐阿〉故事，應算是一種進步。

柒、結　論

「離魂」的神話情節是作品意識本身的投影，具有濃厚的象徵意味，奇蹟與幻想，在這故事中具有決定性的作用。〈長恨歌〉爲什麼長恨？如果沒有故事後半部的幻虛世界，縹緲仙境，又怎能烘托出「恨」之綿長的意境？可見得作者是在人間之中，企圖打破現有人生經驗的藩籬，創造出一個新的視野，似重宣揚某種理念，而這種理念便是把被某種因素扼殺的命運，借助於超越時空的想像，將之予以改觀，闡明了愛情追求的正面意義。追求幸福的女性。一方面固然必須謹守保守的觀念，道德禮教，然而卻也在愛情的力量下，靈魂衝出軀體，主動追求，以積極的主動爭取情愛，充滿理想的光芒。

「魂」是追求愛戀的癡情種子，而「身」則是在禮教中對傳統女性的形象，魂與身兩方面，一邊尋找自由空間，一邊固守官宦小姐的身份，這種原型固然得自〈龐阿〉，但是〈龐阿〉中的石女僅是因〈龐阿〉的美容儀而心生愛意，這似乎擺脫不了「以貌取人」，容顏勝過一切的較低層次之想法，故事中我們不見龐阿的詳細資料，無法得知他是否是「才子」。石氏女癡心，魂飛不羈，而本體依然是乖巧女子，固然値得同情。〈離魂記〉的男主角是「才子」，且又有倩娘父親的承諾婚約，中途受到阻礙，方才引出離魂情節，但她又不願做一個不顧禮教的女子，是以臥病五年，也許這更能看出作者取材之外，構思的一種進步。

人，一方面敬畏傳統禮教，慣於屈服於禮教的廣大影響和其巍然不可侵犯的態勢：然而一方面又產生另一種突破禁忌，追尋生命之愛，那份隱藏在內心的悸動。而這中間，總要經過一番激盪翻騰。既然是「人」，總要回歸人的世界，畢竟「靈魂出竅」，仍舊是超越時空的幻虛世界，讓這一段愛的故事落實，回到人間，不是讓事件得到最好的解決嗎？「韓憑夫婦」的愛情膾炙人口，如果沒有堅定的愛意，又怎會有死後化樹的淒美愛情為人們所傳頌？然而對於生長在人世的「人」來說，這樣的結局未免有些缺憾。

如果說〈離魂記〉是在有缺憾的觀念中架構的愛情故事，充其量也只是馳騁在幻設的天地中的一段虛渺的故事，談不上更深層的主題意識，畢竟人和魂的結合是不正常的結果，同時倩娘又必須背負著「棄家背禮」的罪名。那麼追求自由愛情的「叛逆之女」形象就將一顆眞摯的心給掩飾了。所幸作者將描寫觸角轉回現實世界，讓張倩娘「翕然而合為一體」，不僅彌補了生命中為追求愛情毅然棄家的缺憾，也讓一切歸於圓滿（註二〇）。也許有人要說既然作者賦予倩娘追求愛情自由的形象，讓故事在浪漫愛戀中劃下句點，不是很好嗎？又何必再讓她回到眞實，回歸禮教？但仔細推敲，其實這種看似溶入傳統宣揚「孝」道的故事，正提醒人們愛情雖然重要，但是和自己最切身的父母之情終究是不能斷去割捨的；而也因為如此，看似外在所加諸的教條規範，事實上卻是發自內心的眞誠，而這不也支柱著故事中倩娘生命的展現在情愛的世界裡畢竟還有難以割捨的情懷，讓她魂牽夢縈，魂兮歸來。

作者關懷的是人間現象，包括私人的愛慾，但也包括了個人與家園的牽絆之情，離合悲歡，在宇宙間流轉。而〈離魂記〉的作者，將六朝所謂離魂的怪異現象，透過人性的檢驗，賦予更現實的社會意義。當自我的生命在現實生活中無法發展或無法突破，加以改變時，於是開創另一片神奇的天空，騁馳翱翔於虛幻之中，容納非常態的現象，以符合人心的慾求。而在自我紓解，找尋脫離現實的出口後，人間的眞實存在再度將作者的情意拉回，也為故事中的主角尋找到最宜於安頓的處所，這也是為什麼離魂的母題：

現實→離魂→在理想現實中化解衝突→達成和諧圓滿的境界

自陳玄祐的〈離魂記〉之後，成為衆人所本的原因。

【註釋】

註　一：見楊義，《中國歷朝小說與文化》，〈漢魏六朝志怪書的神秘主義幻想〉，頁一三四，臺北市，業強出版社，民國八十二年。

註　二：〈離魂記〉首見於《太平廣記》卷三五八。原文於「二男並孝摝擢第至承尉」句後有「事出陳玄祐〈離魂記〉云」等字，應為衍文，故刪去。

註　三：「○」表示故事情節屬於「常與變」中的「常」，即平常事件；「◎」表示情節逐漸進入高潮氣氛；「☆」表示事件具有「非常」氣氛；「★」表示事件氣氛最為強烈、最具有震撼性，本文以「常與非常」為判準，多屬主觀，容有不同看法。

註　四：張友鶴先生云：「足：赤腳，指沒有穿鞋子。唐代風俗人們在室內只穿襪子，入室時就把鞋子放在門外。這裏是形容倩娘逃出來，因為匆忙，連鞋子也沒有來得及穿。」見《唐宋傳奇選》，臺北市，明文出版社，民國七十一年。

註　五：金聖嘆之評詳見《脂硯齋重評石頭記》庚辰本第四十三回，金聖嘆認為寫作必須注意表現人物性格的豐富性與複雜性，方爲至情至理。

註　六：見胡萬川，《話本與才子佳人小說之研究》，〈談才子佳人小說〉，頁二〇七—二〇九，臺北市，大安出版社，民國八十三年二月一日版一刷。

註　七：李元洛認爲構基、時空形式、位置經營相同，即是藝術形象賴以完美顯示的必要條件。可參考《詩美學》，頁三九六，臺北市，東大圖書股份有限公司，民國七十九年二月初版。

註　八：見王師夢鷗，《唐人小說研究二集》，〈第一篇　陳翰異聞集考論〉，頁三三，收錄於《唐代傳奇叢考之一》，天一出版社。

註　九：見李元洛輯注，《在天願作比翼鳥》，〈自序〉，頁一，臺北市，東大圖書股份有限公司，民國八十三年八月初版。關於「離魂」愛情之衝突與感傷，在董挽華的《試剖元雜劇〈倩女離魂〉的「離魂」》一文中，有詳細說明。見《幼獅學誌》第十五卷，第二期。

註一〇：見魯迅，《中國小說史略》，〈第八講　唐之傳奇文（上）〉，頁七三。

註一一：「a」—「h」代表事件；「c1」—「c6」指在「c」的大事件中的小事件；「c1-1」—「c2-2」指同是c1事件出現的第一次，第二次；「◎」指新的陳述或事件。

註一二：〈離魂記〉中倩娘爲追求愛情的幸福，離魂私奔王宙的情節，受到〈龐阿〉石氏女神魂投奔意中人的啓發，但是氣氛的渲染與故事敘述更深一層。吳志達，《唐人傳奇》，〈唐傳奇的名稱和淵源〉，頁四—五，可參考。

註一三：見胡應麟，《筆叢》，卷三十六。

註一四：見葉師慶炳，〈元朝至唐代他界結構小說〉一文，收錄於《臺大中文學報》，頁一九，民國七十八年二月，第三期。另亦見《晚鳴軒論文集》，頁二七三，臺北市，大安出版社，民國八十五年一月第一版。

註一五：同註一〇。

註一六：方格內「0—9」指石氏離魂而言，即離魂過程；方格內「1—11」指故事發展過程；箭頭所指爲故事進程。

註一七：箭頭所指爲故事進程。

註一八：胡光舟認爲〈離魂記〉在「離魂」定型中有其文學史的意義，在思想性和藝術性方面均有可稱道之處。至「閃耀著反對封建思想的光彩，謳歌了青年男女的堅貞愛情，頌揚了他們追求婚姻自主帶有濃郁浪漫氣息……」，見《花精木魅唐時月》，頁二〇—二一，臺北市，開今文化事業有限公司，民國八十三年三月初版。

註一九：談鳳梁先生以爲「唐代愛情小說的作者是從統治階級的角度來寫愛情的，所以他們描寫的愛情實際上不能算是眞正的愛情」……「作品的結尾往往加上了一條令人憎惡的尾巴；表示作者在理智上是維護封建禮教的。」

註二〇：誠如嚴紀華所云「情節演化也由超現實趨於理性化，以離魂這一母題爲基，是螺旋式不斷地旋轉，企圖在理想與現實之間別契生機，化解衝突，達成一種圓滿和諧。」魂體分離的反轉情節暫時解決了生離的悲愁，但是魂體相翕的重新合理正是回歸人生的圓滿。嚴氏之文見〈「離魂」故事系列試探〉，《世界新聞傳播學院學報》，頁五三。

參考書目

1.周晨，《唐人傳奇》，臺北市，錦鏽出版事業有限公司，民國八十二年再版。
2.蕭海波、羅少卿，《六朝志怪小說》，臺北市，錦鏽出版事業有限公司，民國八十二年再版。
3.孫遜、孫菊園，《中國古典小說美學資料匯粹》，臺北市，大安出版社，民國八十年一月，第一版。
4.胡光舟，《花精木魅唐時月——唐傳奇作品賞析》，臺北市，開今文化事業有限公司，民國八十三年二月，初版。
5.吳志達，《唐人傳奇》，臺北市，群玉堂出版事業股份有限公司，民國八十年十一月，初版。
6.王師夢鷗，《唐人小說研究》，板橋市，藝文印書館，民國六十七年十月，初版。
7.魯迅，《中國小說史略》。
8.龔鵬程、張火慶，《中國小說史論叢》，臺北市，臺灣學生書局，民國七十三年六月，初版。
9.俞汝捷，《幻想和寄託的國度——志怪傳奇新論》，臺北市，淑馨出版社，民國八十年四月，初版。
10.胡萬川，《話本與才子佳人小說之研究》，臺北市，大安出版社，民國八十三年二月，一版。

11.《唐代傳奇叢考之一》，臺北市，天一出版社，中國古典小說研究資料彙編。
12.楊義，《中國歷朝小說與文化》，〈漢魏六朝志怪書的神秘主義幻想〉，臺北市，業強出版社，民國八十二年，初版。
13.張友鴻，《唐人傳奇選》，臺北市，明文出版社，民國七十一年初版。
14.嚴紀華，〈「離魂」故事系列試探〉，收錄於《世界新聞傳播學院學報》，頁五三，民國八十二年。
15.葉師慶炳，〈六朝至唐代的他界結構小說〉，收錄於《臺大中文學報》，頁一九，民國七十八年二月，第三期。